現場写真でわかる！

建築設備の設計・施工管理

定久秀孝=著

A VISUAL GUIDE TO THE DESIGN AND CONSTRUCTION MANAGING OF ELECTRICAL&MECHANICAL SERVICES

学芸出版社

はじめに

建築設備の設計・施工管理は、多岐にわたる広範な知識が求められます。本書は、建築設計や設備設計、現場の施工管理に携わる初学者に、建築設備工事を理解する手引きとして役に立つようにと、実際の集合住宅の施工現場を例にとり、基礎的な知識から間違いが起こりがちな実務の落とし穴までを理解できるように、解説を付けました。

現場に出る機会が少ない設計者やデザイナーにも理解してもらえるよう、使用材料などについても説明を併記しています。

給排水・空調・電気と多くの機材が同居する設備の現場を、あらゆる角度から理解できるように、できるだけ丁寧な表現を心掛けました。

しかし、本書は基礎的な内容に絞った入門書であって、それも要約した簡単な説明に過ぎません。学術的な部分やより詳しい知識については、数多の優れた著者による技術書がすでに発行されていますので、それらを参考に、より知識を深めていただきたいと思います。しかし、どの書籍を参考にするかの判断も初学者には悩ましく、迷うところです。そこで知識を深める端緒になる参考図書や条文などを要所に明示しました。参考にされ、より深い知識を身につけていただきたいと思います。

最後に本書が、建築設備の設計・施工管理への理解を深める手引きとなり入門書の役割を果たすなら幸いです。

2016年7月
定久秀孝

目次

はじめに　3

1　メーターボックス ——————————— 7
01　メーターボックスの基本　8
02　メーターボックス内部の壁・床貫通　10
03　電気とガスの分離　12
04　ケーブルと金属管の離隔　14
05　絶縁材を用いた離隔措置　16
06　ケーブル敷設後の養生：モルタル付着のトラブル事例　17
07　集合住宅の低圧分岐付き幹線ケーブル　18
08　ケーブル用途の表示　20
09　給水管の結露防止　21
10　メーターボックス内の排水処理　22
11　配管の錆止め塗装　23
12　給水立管最頂部のバルブ設置　24
13　点検時の不具合修正　26
14　設備更新への配慮　27

2　樹脂管 ——————————— 29
01　先分岐工法の施工管理（1）　30
02　先分岐工法の施工管理（2）　32
03　ヘッダー工法の基本　33
04　サヤ管ヘッダー工法　34
05　サヤなしヘッダー工法　35
06　ヘッダー設置と分岐数　36
07　樹脂管の交差処理　37
08　鋭利な金属との接触回避　38
09　天井配管の固定　40
10　さまざまな管材　42
11　給水・給湯配管の水圧テスト　43

3　給排水機器設置 ——————————— 45
01　器具まわりの設備配管　46
02　洋式トイレの基本　48
03　キッチンシンクの基本　50
04　デスポーザーの基本　52
05　洗面化粧台の基本　54
06　洗濯機用防水パンの基本　56
07　サービスシンクの基本　58
08　ガス給湯器の基本（1）　60
09　ガス給湯器の基本（2）　62
10　増圧給水設備の基本　64
11　受水槽の基本　66
12　受水槽の衛生管理　68

4　排水配管 ——————————— 69
01　排水用特殊継手と脚部継手　70
02　特殊継手の設置方法　72
03　耐火二層管と立管排水　73
04　排水管の勾配確認　74
05　最下階排水は単独系統　75
06　排水立管とパイプスペース　76
07　配管更新への配慮　77
08　排水騒音の伝播防止　78
09　排水立管の遮音　79
10　階で用途が異なるときの排水管　80
11　脚部継手と横管の防振　81
12　共用部排水管の遮音　82
13　汚水槽通気の臭気防止　83

14	通気管の開放部	84
15	分散排気で臭気低減	86

5　ピット・排水槽・桝　　　87

01	ピット内の排水横主管	88
02	排水水中ポンプの設置	89
03	排水水中ポンプ吸込みピット	90
04	運転騒音の軽減	91
05	排水槽のバルブと腐食対策	92
06	排水水中ポンプの起動と釜場の深さ	93
07	ベルマウス付き排水水中ポンプ	94
08	ベルマウスの円滑な排水	95
09	予旋回槽とベルマウス付きポンプ	96
10	雨水貯留槽の基本	98
11	網カゴとポンプ設置例	100
12	雨水抑制と浸透施設	101
13	雨水桝と落葉対策	102
14	ガソリントラップとポンプ排水	103
15	桝設置と沈下防止	104
16	道路面より低い場所の排水	105
17	排水管の系統分離	106

6　消火栓・消防機器　　　107

01	補給水槽の設置	108
02	外部消防機器の維持管理	110
03	消火配管とラッキング	112
04	屋内の消火ポンプ設置	113
05	屋外の消火ポンプ設置	114
06	外廊下設置の屋内消火栓	115
07	放水口・消火栓の設置高さ	116

7　換気・ダクト　　　117

01	ダクトに必要な勾配	118
02	ファン稼働時への配慮	119
03	点検口の内部の納まり	120
04	換気が引き起こす空気抵抗	121
05	排気ダクトの断熱	122
06	取合い部の施工順序	123
07	換気設備の排気場所	124
08	結露水・油脂を落下させない	126
09	屋上排気ダクトの施工	127
10	ファンの騒音・振動対策	128
11	ショートサーキットの予防	129
12	内部廊下の臭気防止	130

8　エアコン　　　131

01	エアコン配管設計の例	132
02	エアコン設置後の試運転	133
03	エアコンのドレン排水の排出	134
04	室外機設置時の騒音・排水対策	135
05	集合住宅中部屋のエアコン設置	136
06	竣工後のエアコン設置	137
07	吹出し口の結露	138

9　遮音壁　　　139

01	遮音壁の穴は塞ぐ	140
02	遮音壁の電気ボックス	142

10　分電盤・スイッチ・コンセント　　　143

01	電気配線の設計	144
02	分電盤の基本	146
03	設置高さの明示	148

	04	インターフォンとスイッチ類の整理	150
	05	コンセントは目的に合わせて選ぶ	152
	06	屋外設置の共用コンセント	153
	07	将来用のコンセント	154

11　ケーブル配線・配管　155

	01	VVFケーブルの施工例	156
	02	ユニットケーブルと省力化	157
	03	強電線と弱電線は接触させない	158
	04	ケーブルはボックス内で接続	159
	05	ダクトに接触させない	160
	06	マルチメディアコンセントの隔壁	161
	07	電線管打込みの基本	162
	08	耐力を損わない打込み	164
	09	下階へ雨水を入れない	166
	10	工事写真を撮る	167
	11	ケーブルの保護方法	168
	12	取付けビスによる損傷	169
	13	ウレタン付着による性能低下	170
	14	結束本数を許容する温度	171
	15	隠れる場所のケーブル配線	172

12　照明　173

	01	照明器具の熱	174
	02	人感センサーと照明の自動点滅	175
	03	共用廊下の照明	176
	04	アルコーブの照明	177
	05	器具に雨を入れない	178
	06	床埋め器具とケーブル	179
	07	電灯分電盤の基本	180

13　受変電・動力・弱電設備　183

	01	電力会社の変電設備	184
	02	ハンドホール内のケーブル配線	185
	03	主幹盤類の腐食防止	186
	04	自家用の受変電設備	187
	05	屋外電気機器の雨・雪対策	188
	06	屋上の電気ボックスの漏水	189
	07	屋外ケーブルの接続と防水	190
	08	水槽類への電気配線	191
	09	弱電盤施工の基本	192
	10	弱電盤の増設対策	194
	11	機器の発熱に換気口	195
	12	住戸のテレビ配線	196

14　避雷針・アンテナ　197

	01	避雷針の保護角と機器	198
	02	避雷針の唸り音	199
	03	アンテナは避雷針と離す	200
	04	避雷針まわりの施工	202

15　防犯機器　203

| | 01 | 集合玄関のインターフォン | 204 |
| | 02 | 屋外の防犯カメラ | 205 |

竣工検査	206
おわりに	212
参考図書	213
索引	214

※本書で参照する内線規程は東京電力管内のもので、別冊付録等は地域の電力会社ごとに異なります。

1 メーターボックス

集合住宅のメーターボックスには、給湯器やメーター類をまとめて設置するため、各種の法規制に従って併存させる必要があります。

建築基準法関係の規定では防火区画、消防法からは共住区画や令8区画といった耳慣れない区画も要求されます。電気設備やガス器具の規定からは、両者を分ける必要が出てきます。

また、ケーブルの施設方法や保護については、電気設備技術基準や内線規程が適用されます。

給水メーターの設置では、メーター周りの設置方法や給水方式と給水圧力について供給事業者の規定を守らなければいけません。

これらのポイントを事例から理解します。

メーターボックス 廊下形式

01 メーターボックスの基本
廊下の形式などによる制約事項

メーターボックスは廊下の形態によって、ガス機器の設置基準や消防の指導が異なります。

- ◎ 100cm² 程度の換気口をつける（*1）
- ● 扉内設置型ガス給湯器（*4）
- ◎ 扉の板厚は、鋼板製で、0.8mm 以上とする（*1）
- 開放廊下に面する場合に限り、給湯器が設置できる（*2、3）
- ◎ 100cm² 程度の換気口を開ける
- ◎ 内部の床は各階で、耐火構造の水平区画にする

廊下に面したメーターボックス

1．開放型廊下のメーターボックス設置

① メーターボックスと給湯器
メーターボックスに給湯器を併設する場合、給湯器を扉面に直接取付ける標準設置と扉内側に納める扉内設置があります。

② 開放廊下に限り、給湯器の設置が可能
開放廊下に面しているメーターボックスに限り、給湯器を組込めます。

③ 給湯器の設置できる廊下の条件
燃焼排ガスの停滞しない空間で、壁、窓、袋小路などで一部が閉鎖される場合は、一定の開放条件（*3）を満たすことが必要です。

④ 扉に換気口を設ける
100cm² 程度の換気口を、メーターボックス扉の上下に各々設けます。

＊1 メーターボックスの基準
1. とびらは、板厚 0.8mm 以上の鋼板製。
2. とびらの上下には各 100cm² 程度の換気口を設ける。
3. 電気設備が施設してある場合は、換気口各々の開口面積は、正面面積 5％以上かつ最低 500cm² 以上とすること。
4. ただし、電気設備等が、電気設備技術基準第 69 条（解釈第 176 条）の基準に適合している場合はこの限りでない。
5. 上記は東京消防庁を例示。指導基準は、自治体により異なるので、注意すること。

＊2 開放型廊下
直接外気に解放され、火災時に生ずる煙を有効に排出できる廊下をいう。平成 17 年消防庁告示 3 号で構造上の要件が示されている。給湯器設置が可能な開放廊下の構造は告示の規定に準拠しているが、袋小路の廊下であっても、一定の基準に合致すれば、給湯器の設置は可能となる。

＊3 給湯器設置条件
各種のガス給湯器が設置可能な前提条件は、多岐にわたるので、詳細は『ガス機器の設置基準及び実務指針』で確認するのがよい。

＊4 給湯器の設置高さ
集合住宅の開放廊下に面して給湯器を設置する場合は、排気吹出口の高さは、床面 180cm 程度とする規定がある。（『ガス機器の設置基準及び実務指針』指針Ⅱ）

- 廊下までの距離により給湯器の排気方法が決まる
- ●アルコーブ（*5）型ガス給湯器
- 開放廊下●
- 扉の開口部●
- アルコーブ型のメーターボックス

2. アルコーブ型廊下は給湯器の排気に注意

① アルコーブ型廊下の形状
開放廊下でも、アルコーブ型のメーターボックスに給湯器を設置する場合、廊下までの距離で給湯器の排気方法が変わります。

② 給湯器から廊下までの距離
給湯器から廊下までの距離が200mmを超えるときは、排気延長型の給湯器を使用します（*6、7）。

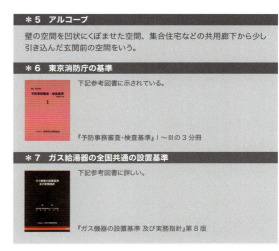

＊5 アルコーブ
壁の空間を凹状にくぼませた空間、集合住宅などの共用廊下から少し引き込んだ玄関前の空間をいう。

＊6 東京消防庁の基準
下記参考図書に示されている。
『予防事務審査・検査基準』Ⅰ～Ⅲの3分冊

＊7 ガス給湯器の全国共通の設置基準
下記参考図書に詳しい。
『ガス機器の設置基準 及び実務指針』第8版

メーターボックス　区画処理

02 メーターボックス内部の壁・床貫通
ケーブルや配管スペースの区画処理

(1) メーターボックスは、メーターの検針や機器取替えに、必要な寸法・安全な区画処理方法が決められています。

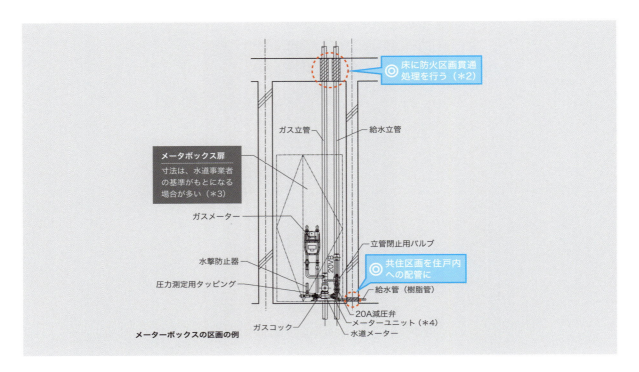

メーターボックスの区画の例

1. 貫通部は区画処理

① メーターボックスの必要寸法
水道などの各供給事業者が必要寸法を示しています。メーターボックス内部は本体取付けスペースのほかに、立管などの設置スペースが必要です。

② 防火区画と共住区画
メーターボックスの水平部分（床）には防火区画、メーターボックスから住戸内への貫通部（壁）には共住区画が求められます。

③ メーターボックス扉の大きさ
メーターボックス扉の開口寸法（*3）は、各事業者の示す寸法の最大を採用します。

④ 防火区画の概要
防火区画（*1）の配管貫通は、貫通部分からそれぞれ両側1m以内にある材料が、不燃材料か法に定められた径未満のものであることが求められます。

＊1　防火区画
建築基準法施行令第112条第15項の規定
管と防火区画等のすき間は不燃材料で埋めなければならない。耐火構造の床もしくは壁、準耐火構造の床もしくは壁を貫通する場合においては、当該管と準耐火構造の防火区画とのすき間をモルタルその他の不燃材料で埋めなければならない。

＊2　建築基準法施行令第129条の2の5第1項第7号の規定
イ　給水管、配電管その他の管の通過する部分及び当該貫通する部分からそれぞれ両側に1m以内にある部分を不燃材料で造ること。
ロ　給水管、配電管その他の管の外径が、当該管の用途、材質その他の事項に応じて国土交通大臣が定める数値未満であること。
ハ　国土交通大臣の認定を受けた工法（加熱開始後一定時間、防火区画等の加熱側の反対側に火炎を出す原因となる亀裂を生じないもの）であること。
詳細は原文、又は参考図書を参照のこと。

＊3　扉の形状、寸法
メーターボックスの扉の形状・大きさは、収納されるメーター類、設備によって決まる。一般的には、水道事業者のメーター設置の必要寸法を基準に収容設備に応じて決定すると、他のメーターの設置に支障がない。

＊4　メーターユニット
メーターユニットとは、給水メーターの前後に使用する器具、止水栓、逆止弁、メーター接続器具類を金属製の台座の上に取付け一体化した器具。（p.22 ＊3にも説明あり）

(2) 配管・ケーブル類が複数階にわたり貫通するときは、認定工法などを採用し法に準じた区画貫通処理を行います。

2. 上下階の区画、専用部との区画

① 床貫通に防火区画
立管、垂直ケーブルの床貫通は防火区画が有効になるように、区画貫通処理を行います。

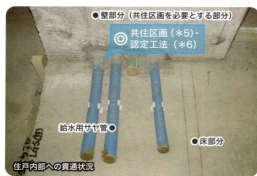

② 区画の形成
防火区画・共住区画は、それぞれ認定工法を用いて形成することができます（＊7）。

＊5 共住区画

消防法の規定で、共同住宅等の住戸等間の開口部のない耐火構造の床又は壁の区画をいう。
共住区画は、《共同住宅等に係わる消防設備等の技術上の基準の特例について》が示す規定。
床部分を給水用サヤ管配管、ケーブル類が複数階に貫通するときは、認定工法などを採用し、法の基準に合致した区画貫通処理を行う。
消防法の区画では、消防法施行令第8条の規定による開口部のない耐火構造の床又は壁による区画があり、これを略して、令8区画という。

＊6 認定工法

区画貫通方法は、共住、令8区画などの消防法の規定に関しては（財）日本消防安全センターが認定した工法をいう。
防火区画貫通の工法認定は、国土交通大臣が認定する。

＊7 防火区画貫通の認定工法

下記参考図書に詳しい。

メーターボックス 電気・ガス

03 電気とガスの分離
併設する場合の区画処理

(1) 電気設備とガスメーター（*1）を併設するメーターボックスでは、電気メーターを専用区画内に設置します。

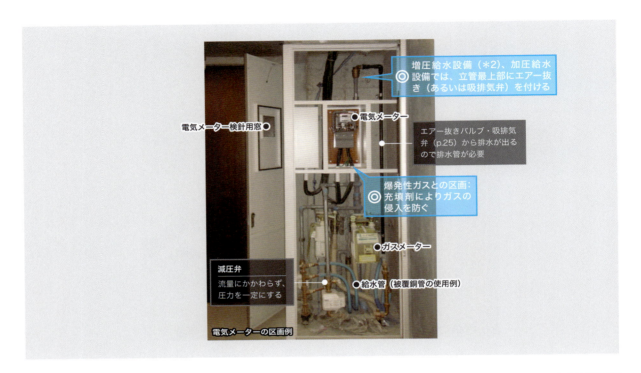

電気メーター検針用窓

電気メーター

増圧給水設備（*2）、加圧給水設備では、立管最上部にエアー抜き（あるいは吸排気弁）を付ける

エアー抜きバルブ・吸排気弁（p.25）から排水が出るので排水管が必要

爆発性ガスとの区画：充填剤によりガスの侵入を防ぐ

ガスメーター

減圧弁　流量にかかわらず、圧力を一定にする

給水管（被覆銅管の使用例）

電気メーターの区画例

1. メーターボックスの区画処理

① 機器類・配管・配線の納め方
メーターボックスには、水道メーター・ガスメーター・電気メーター・弱電機器類や給湯器が入ります。防火区画と供給事業者の基準を守り、ガスと電気メーターや開閉器、電線やケーブルと管を離して設置します。

② 電線ケーブルと金属管類
電線、ケーブルは内線規程（*3）により金属管と離し、弱電流線（*4）との接触を避けます。

③ 電気設備技術基準とガス
電気設備技術基準では、可燃性ガスの爆発する危険性と対処法を、ガス蒸気危険場所（*5）として施工方法を規定します。

④ 簡易な区画処理
メーターボックスの電気設備とガスの分離は簡易な専用区画が許されない場合があり、詳細な打ち合わせを行う必要があります。

＊1　ガスメーター
ガスメーターは1需要場所（共同住宅では、1戸が1需要となる）につき1個が設置され、使用最大流量により形式が選定される。マイコンメーターは、長時間一定量のガスが流れ続けたとき、震度5以上の地震を感知した場合などにガスを遮断する機能をもつメーターで、不完全燃焼警報器などと連動することもできる。

＊2　増圧給水設備
水道事業者が定める給水方式の一つで、水道本管から引き込む給水管の途中に増圧給水設備（増圧ポンプ、逆流防止器、制御装置等で構成された機器）を設置して、給水管の圧力を増して、建物内に給水する方式。

＊3　内線規程
日本電気協会が発行の図書（2012年・12版参照）。電気使用場所に関する電気工事の各事項を具体的に表現し、設計、検査、維持のよりどころとする規程。

＊4　弱電流線
電話線、電気信号線など弱電流電気の伝送に使用する電線をいい、電話、テレビ、LANケーブルなど。

＊5　ガス蒸気危険場所
電気設備技術基準、第69条（可燃性のガス等により爆発する危険のある場所のおける施設の禁止）　電気設備は、通常使用の形態において、当該電気設備が点火源となる爆発又は火災の恐れがないように施設しなければならない。

（2）メーターへいたる電気配管はケーブル挿入部に防爆処理をします。

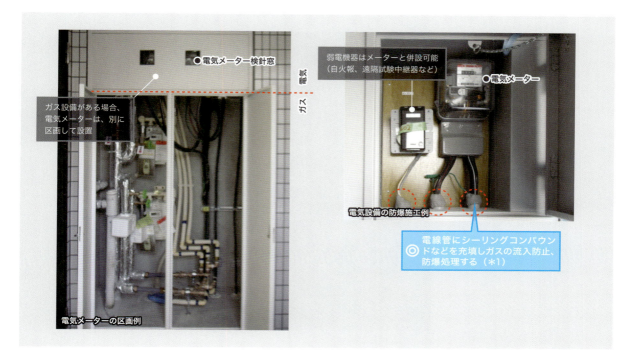

- ●電気メーター検針窓
- ガス設備がある場合、電気メーターは、別に区画して設置
- 弱電機器はメーターと併設可能（自火報、遠隔試験中継器など）
- ●電気メーター
- 電気設備の防爆施工例
- ◎電線管にシーリングコンパウンドなどを充填しガスの流入防止、防爆処理する（＊1）
- 電気メーターの区画例

2. 電気設備の防爆施工

① ガス漏洩への対処
電気系統のスパークによるガス引火防止のため、電気メーターは専用の区画内に設置し、電気配線は防爆処理（＊6）し、ガス設備と分離します。

② 電気設備を同一箇所に設置
電気メーターや弱電機器類、たとえば自動火災報知設備（＊7）の遠隔試験中継器（＊8）など、電気関係の機器類をまとめ、ガス設備と区画すると明確な区分ができます。電気関係だけでなく、設備する内容により法の基準は変わるので関連法規を調べることは大切です（＊9）。

＊6　防爆処理
メーターボックスで電気メーター部分を区画するには「爆発性ガスの流動を防止する処置」を行う。方法としては電気メーターへのケーブルを金属管内に通し、この金属管部分を絶縁コンパウンド、シーリングコンパウンドで塞ぐ方法をとる。

＊7　自動火災報知設備
消防法施行令第21条の規定。防火対象物の種別、その面積により設置するもの。防火対象物については、同施行令の別表第一で示されている。

＊8　遠隔試験中継器
自動火災報知設備の感知器を遠隔で試験できるもの。住戸外に設置や、インターフォン玄関機に組込むものがあり、細目は消防予第105号に示されている。

＊9　建築設備の概要と関連法規
下記参考図書に詳しい。

『110のキーワードで学ぶ　世界で一番やさしい建築設備』

『[三訂版]空調・衛生設備 advice』

メーターボックス　ケーブル施設

04 ケーブルと金属管の離隔
メーターボックス内の安全なケーブルの施工 ①

(1) ケーブル（＊1）は、ガス管、給水管などの金属管に接触（＊2）しないよう、明確に離して施設します。

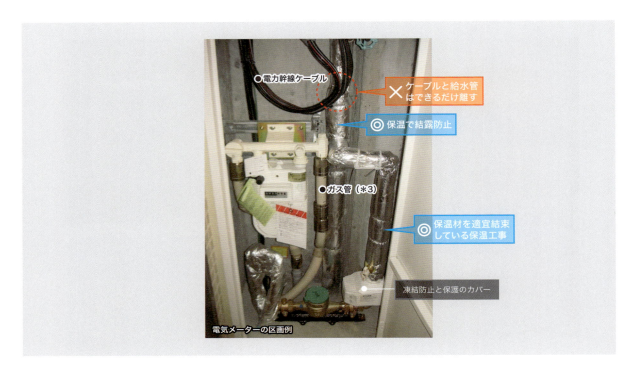

1. ケーブル施設施工の注意点

① ケーブルは金属管などに触れないこと
上の写真上部ではケーブルが保温材に触れています。管に直接触れてはいませんが、ケーブル（＊1）は、ガス管、給水管などの金属管に接触しないよう、明確に離して施設します。

② ケーブルは傷をつけないように支持
ケーブル配線は、ケーブルが損傷しないように支持をします。支持材料のうち全ネジボルトなどは、鋭利な部分でケーブルの損傷が懸念されます。そのときは、ビニルテープやゴムシートなどの材料を用いて養生します（＊4）。

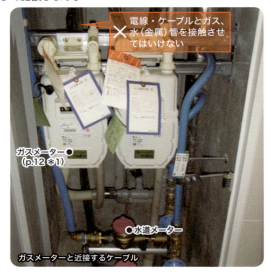

＊1　ケーブル
低圧ケーブルと高圧ケーブルがあります。電線・ケーブル類を詳しく知るには、「内線規程1335節 電線」や、メーカーのガイドブックで理解するのがよい。

＊2　ケーブルの接触
内線規程3102節に、配線と他の配線、金属管などとの最少離隔距離や、電線類の使い分けが示されている。

＊3　ガス管
ガス管としては、ステンレスフレキシブル管（軟質塩化ビニル外面被覆）、白ガス管（SGP）、カラー鋼管、PL鋼管、ガス用ポリエチレン管（POE管）等があり、設置場所の条件、環境で配管方法がきまる。

＊4　電線・ケーブルの種類と詳細
下記参考図書が手引になる。

『図解 電気設備の基礎』

(2) ケーブルは、ガス管や給水管との接触で火災事故を招く恐れがあるため、内線規程（＊5、6）で最少離隔距離が定められています。

2. 事例で理解する電気設備技術基準の解釈第167条

① 電気設備とガス設備などさまざまな分離
低圧配線と他の低圧幹線や弱電流電線、光ファイバーケーブル、金属製水管、ガス管などが接近または交差する場合は、離隔して施設します（＊8）。

② 配線も他の配線と分離
内線規程（＊7、9）では、配線同士も離すことになっており、最少離隔距離（＊8）が決められています。

＊5　配線と他の配線との最小距離（内線規程3102-7）

低圧配線と他の低圧配線、又は弱電流電線、光ファイバーケーブル、金属製水管、ガス管などが接近又は交差する場合は、3102-5 表により離隔して設置すること。

＊6　低圧配線に関する共通事項（内線規程3102）

屋内・屋外配線の施設場所ごとの配線方法が示されている。

＊7　接地線の緑色標識（内線規程1350-15）

接地工事の接地線には、緑色の標識を施す。アース線が緑色でない場合は、アース線を示す緑色標識を施すとある。
やむを得ず緑色または緑色／黄色縞模様のあるもの以外の絶縁電線を接地線として使用する場合は、端末及び適当な箇所に緑色テープを巻き、接地線であることを表示する。

＊8　内線規程3102-5 表

配線と他の配線などとの最少離隔距離　（単位：cm）

配線 \ 接近対象物	がいし引き配線 絶縁電線	がいし引き配線 裸電線	がいし引き配線以外の配線	光ファイバーケーブル	弱電流電線、水管、ガス管若しくはこれらに類するもの
がいし引き配線　絶縁電線	ⓐ 10	ⓐ 30	ⓑ 10	ⓒ 10	ⓒ 10
がいし引き配線　裸電線	ⓐ 30	ⓐ 30	ⓑ 30		
がいし引き配線以外の配線	ⓑ 10	ⓑ 30			直接接触しないように施設する

※ⓐⓑⓒは、出典参照のこと　（出典：内線規程 2012 年版）

＊9　電気工事各種の技術基準の省令、解釈

下記参考図書を折に触れ読もう。

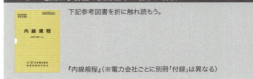

『内線規程』（※電力会社ごとに別冊「付録」は異なる）

メーターボックス　ケーブル施設

05 絶縁材を用いた離隔措置
メーターボックス内の安全なケーブルの施工 ②

配線同士の最少離隔距離の確保が困難な場合は、絶縁材を間に入れる場合もあります。

- ●電力ケーブル（分岐側）：従来のケーブルに加えエコケーブルがある（＊1）
- 電力ケーブルがガスと触れるので、保護シート（絶縁材）で分離した例だが、ケーブルを吊り上げ壁に固定するなど、明確な分離が望ましい
- ◎ゴムシートでケーブルを直接触れさせない例
- ●絶縁材（ゴムシート）
- ●LANケーブル（＊2）
- ●ガスメーター
- ●電力ケーブル（幹線）
- ●2系統のガス配管（＊3、4）

電力ケーブルの離隔例

1. 事前の予防
基本的には設計時に必要寸法を確保すべきですが、どうしても配線同士や配線と金属管との離隔が困難な場合は、絶縁材を間に入れるなどの対応をします。

2. どうしても分離できない場合の絶縁材
内線規程 3102-7 の規定、および 3101-5 表のケーブル欄では［直接接触しないように施設する］とあります（p.15 ＊4赤枠参照）。写真はこの規定を準用し、ケーブルに絶縁材（ゴムシート）を巻き、直接の接触を避けた例です。

＊1　エコ電線・エコケーブル
エコ電線・エコケーブルとは、ハロゲンフリーの材料で構成されたもので、焼却時にダイオキシン、ハロゲン系ガスの発生がなく、重金属を含まず、高難燃性であるものをいう。

＊2　LANケーブル
ローカルネットワークに用いるケーブル。ストレートケーブルとクロスケーブルの2種類があり、通信速度などによりカテゴリーが分かれている。形状は、丸型・平型があるが、共用部を配線するには丸型が使用され、色も数種類ある。

＊3　ガス2系統配管
ガスの使用量や、ガス器具の位置、ガス管の分岐に制約がある場合などは、メーター以降で配管を分けて施工する場合もあり、写真例は2系統のガス配管。

＊4　ガス配管
概要が下記参考図書でわかる。

『よくわかる建築配管2』

メーターボックス　ケーブル施設

06 ケーブル敷設後の養生：モルタル付着のトラブル事例
メーターボックス内の安全なケーブルの施工 ③

ケーブル・配管などのスラブ貫通部の処理は、充填材料の落下に注意します。

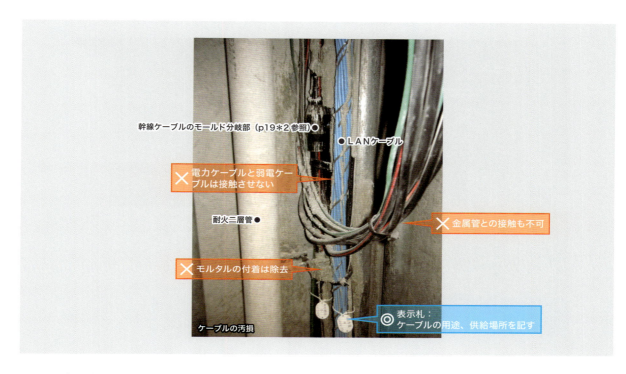

- 幹線ケーブルのモールド分岐部（p19＊2参照）
- LANケーブル
- ✕ 電力ケーブルと弱電ケーブルは接触させない
- 耐火二層管
- ✕ 金属管との接触も不可
- ✕ モルタルの付着は除去
- ケーブルの汚損
- ◎ 表示札：ケーブルの用途、供給場所を記す

1．スラブ貫通部の穴埋め
貫通部の穴埋め作業で、モルタルを用いるときは充填時の落下防止に注意します（＊1）。
モルタルが流れ出ると汚れ、付着を除去をする作業が増えます。落下防止に有効な部材（＊3）を使用し、穴埋めをするのがよいでしょう。

2．ケーブル相互の接触
写真はLANケーブルとケーブルが近接し、モルタル落下のときに接触しています。
ケーブルと弱電ケーブルの接触は、内線規程で離す必要があり、一定の離隔が必要です（＊2）。

3．ケーブルと金属管の接触
ケーブルと金属管は、内線規程により離隔が必要です（p.15 ＊5、8）。

＊1　貫通部の処理とモルタル
建築基準法施行令第112条第15項の規定により、管と防火区画などの隙間はモルタルその他の不燃材料で埋めなければならない。

＊2　ケーブル相互の接触
内線規程3102-7では、低圧配線と弱電流電線、光ファイバーケーブルなどが接近又は交差する場合は、3101-5表により離隔して施設する規定になっている。

＊3　落下防止
貫通部をモルタルで充填するとき、落下防止の材料にAパット（A-PAT）がある。

（出典:㈱アカギ）

メーターボックス　ケーブル施設

07 集合住宅の低圧分岐付き幹線ケーブル
固定方法、支持間隔、曲げ半径、接続方法

防爆処理（＊1）が求められますが、分岐付きケーブルは防爆処理と同等に扱われます。

1. 分岐付き幹線ケーブルと防爆処理
分岐付き幹線ケーブルは、工場であらかじめ所定位置に分岐線を接続し、さらに接続部をモールド絶縁（＊2）したもので、防爆処理（＊1）と同等の性能とされます。延線のためのケーブルグリップを工場で取付け出荷されるのが一般的です（＊6）。

2. 幹線ケーブルの支持と固定
ケーブルグリップは、最上階のメーターボックス内でスラブに取付けたフックに掛け、吊り下げ固定します。吊り止め工法は支持点間隔が6m以下ですが、堅固にするため、6m未満でも各階ごとに2カ所支持すると堅固でよいでしょう。

3. ケーブルの曲げ半径

ケーブルを曲げる際は、内側の曲げ半径を、ケーブル仕上がり外径の6倍、単心のものは8倍以上とします（＊4）。VVFケーブルでは、平型の大きい方の幅を外径とします。

4. 支持方法は敷設場所で変わる
ケーブルを造営材の下面または側面に取付ける場合は、2m以下ごとに支持します（シャフト内などで人が触れる恐れがない場所の垂直取付けは6m以下となっています）。
固定の距離（支点間距離）は、敷設する場所・ケーブルの種別でも規定が異なるので、内線規程で確認しておきましょう（＊4）。

ケーブルの固定例（防火区画形成前）

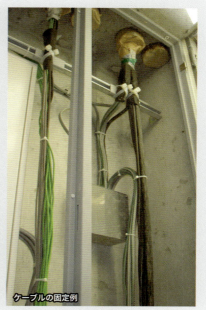
ケーブルの固定例

5. 幹線ケーブルの固定支持材
支持材としては、電気用クリート、サドル、ナイロンバンドなどが用いられます。

6. 幹線ケーブルの現場接続
分岐付き幹線ケーブルは通常、施工の途中で接続を行わないのが基本ですが、やむを得ず現場で接続するときはモールド絶縁が必要です。

ケーブルの固定例（パイプスペース最上部）

＊1 防爆処理
電気設備技術基準第69条の基準（「電気設備技術基準の解釈」第176条に基準）による防爆工事等をさす。

＊2 モールド絶縁
合成樹脂等を使用し電線接続部を密閉することで、絶縁性能を高めたもの。

＊3 ダクターチャンネル
電線管、丸形ケーブルやケーブルラック、ダクトなどの支持に用いるハンガーのこと。材質は、ステンレス鋼、溶融亜鉛メッキ鋼板、耐チャンネル鋼で、穴あき、穴なしがあり、人が触れる個所では、チャンネルの端部にエンドキャップ、端末保護キャップをつけることで負傷事故を防止する。

＊4 ケーブルの施設
屈曲、接続方法は、内線規程の「低圧配線方法、3165-2、3、4」を参照すると、詳細規定が理解できる。

＊5 弱電ケーブル
通信や、制御用に使用されるケーブルの総称。建築設備では、LAN、インターフォン、電話設備で使用されるケーブル類。

＊6 ケーブル延線工事

下記参考図書は工事種別ごとに図、写真を交えて、わかりやすい。

『絵とき 百万人の電気工事』

下記参考図書は工事種別ごとに図、写真を交えて、わかりやすい。

『絵とき 電気設備技術基準・解釈早わかり 平成27年版』

メーターボックス　ケーブル施設

08 ケーブル用途の表示
名札表示で施工トラブル防止

施工ミスの防止や将来の維持管理には、ケーブル用途の表示札が有効です。

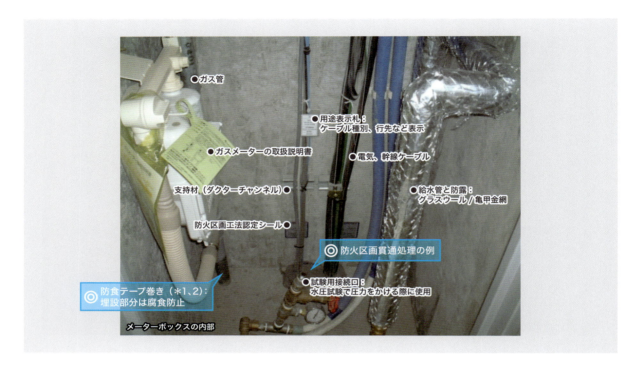

1. 幹線ケーブル
メーターボックス内など主要な幹線は、ケーブルに用途と系統の表示を行うとよいでしょう。
用途表示は、幹線名称やケーブル種別、ケーブルサイズを明記します。

> **＊1　管の腐食防止**
> コンクリートへの埋設等により腐食する恐れのある部分は、その材質に応じ有効な腐食防止のための措置を講ずること。（施行令第129条の2の5）

> **＊2　防食材**
> 埋設配管用の防食材料として、防食テープ、絶縁テープ、絶縁シート、プライマー、プラスチックテープ、熱収縮材、マスチックがある。各材料の仕様は『公共建築工事標準仕様書（機械設備編）』などで理解できる。

2. ピット、共用部天井の幹線ケーブル
用途表示は、ピット内の幹線・共用部天井・主要のパイプスペースに設置する幹線ケーブルに対しても明記するとよいでしょう。

メーターボックス　給排水配管

09 給水管の結露防止
適切な保温と漏水対策

給水管は結露を防ぐために保温を行い、結露水・漏水が管を伝わり室内に入らないようにします。

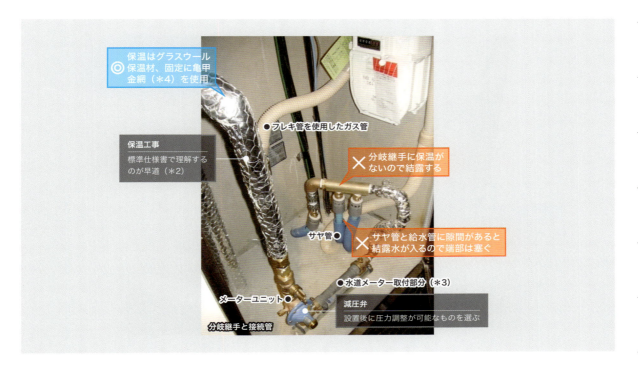

- 保温はグラスウール保温材、固定に亀甲金網（＊4）を使用
- 保温工事　標準仕様書で理解するのが早道（＊2）
- フレキ管を使用したガス管
- ✕ 分岐継手に保温がないので結露する
- サヤ管
- ✕ サヤ管と給水管に隙間があると結露水が入るので端部は塞ぐ
- 水道メーター取付部分（＊3）
- メーターユニット
- 減圧弁　設置後に圧力調整が可能なものを選ぶ
- 分岐継手と接続管

1．給水管、分岐継手など部材と保温（＊5）
写真例では、砲金製の分岐継手が使用されています。金属管には結露するので保温します。
分岐継手以降の管は架橋ポリエチレン管（＊1）です。なお給水管および関係部材、継ぎ手類には鉛を含まず錆ない材質のものを選定します。

2．樹脂管と保温
写真の給水管の外側の同色の一回り大きい管がサヤ管です。サヤ管に入れず管を露出する場合、天井配管の樹脂管をサヤ管に入れず配管する場合は結露対策が必要で、防露のための保温材か結露防止テープを巻くなどの措置を行います。樹脂管の配管方法として先分岐工法（p.30）とヘッダー工法があります。

3．給水メーターと保温
メーターボックス内も凍結の恐れがある場合は、給水メーターや減圧弁などにも保温を検討します。

4．結露水・漏水の侵入防止
結露水や漏水が管を伝わり室内に入るのを防ぐために、サヤ管の端部を塞ぎます。

＊1　架橋ポリエチレン管
ポリエチレンを原料とした樹脂管の一つ。ポリエチレン分子を架橋することで、耐熱性、クリープ性能を向上させた管で、ポリブテン管とともに樹脂管工法に用いられる。
（架橋：ポリマー同士を連結し、物理的・化学的性質を変化させる反応のこと）

＊2　公共建築工事標準仕様書
国土交通省大臣官房官庁営繕部の監修による仕様書で、建築、機械設備、電気設備が分冊で発行されている。防露保温工事の方法を管の用途に応じて理解するには、まず『公共建築工事標準仕様書（機械設備工事編）』の保温、塗装及び防錆工事の章で理解し応用するとよい。

＊3　水道メーター
メーターは水道事業者が貸与してくれる場合がほとんどだが、隔測メーターなどでは使用者に費用負担が求められる場合もある。

＊4　亀甲金網
金属の線材をねじり合わせ六角形の網状としたもので、一部が破断しても全体に裂けが広がらないので配管、ダクトの保温材のグラスウールを抑えるために使用される。線材には亜鉛メッキ鉄線、ビニル被覆線、ステンレス線が使われる。

＊5　保温工事
下記参考図書に詳しい。

『空気調和・給排水衛生設備施工の実務の知識』

メーターボックス　給排水配管

10 メーターボックス内の排水処理
排水勾配と臭気対策

漏水対応としてメーターボックスに排水を設ける場合は、臭気防止が必要です。

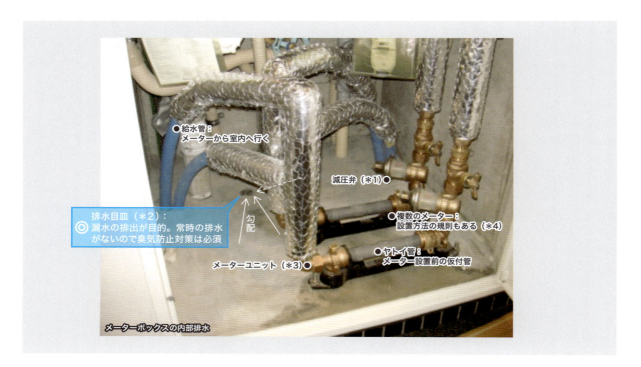

メーターボックスの内部排水

1．メーターボックス内の排水
メーターボックスの漏水対策として排水を設ける場合は、床に専用の排水金物（目皿など）・排水管を設置します。メーターボックスの排水設備は、水道事業者によっては必須とされる場合があります。

2．排水器具からの臭気流入
排水管へは常時排水がないのでトラップに封水ができず、臭気が漏れます。防止には排水管の末端にエアーカットバルブを取付け、臭気が管に流入するのを防ぎます。管末端を封水する臭気対策では、封水に利用する水自体が汚水だと逆に臭気の原因となるので注意します。

3．メーターボックス内部床の勾配
開放廊下のメーターボックスの床は、すぐ漏水がわかるように扉側に向かって勾配をつけます。専用の排水を内部に設置するなら、排水目皿（＊2）に向かって勾配をつけます。

4．メーターの配置
複数の給水メーターの設置では、検針ミスを防ぐためにメーターの配置に規則性（＊4）が要求される場合があります。

＊1　減圧弁
一次側（流入）の圧力を二次側（出口、流出）で下げ、一次側の圧力に変動があっても、二次側の圧力を一定に保つ調整弁。上水道で用いる場合は、日水協認定品の使用が求められる。（日水協：㈳日本水道協会（www.jwwa.or.jp）安全な飲料水の供給を目的とする公益法人、出版、研修、認証などを事業としている。）

＊2　排水目皿
水まわりの排水口にはめ込む蓋状の金物で、封水のためのトラップを含まない部分をいう。目皿の設置では、配管の適当な箇所に臭気防止措置が必要となる。

＊3　メーターユニット
集合住宅パイプシャフト内における、メータ周りの止水栓、伸縮管機能、逆止弁、減圧弁、台座をユニット化した製品。メータの接続はハンドル操作にて行なう圧着式なので、取付け・取外しが容易。減圧弁がついていないものもある。

＊4　メーター設置の規則性
集合住宅等の給水メーターの複数の設置では水道事業者が規則性を求める場合がある。
給水メーターの2個設置では、手前が左側の部屋、奥を右側の部屋とします（東京都水道局の要領より）。

メーターボックス　給排水配管

11 配管の錆止め塗装
ネジ接合部は腐食しやすい弱点

給水管などをネジ接合するときは、接合部からはみ出たネジ部分に錆止め塗装を行います。

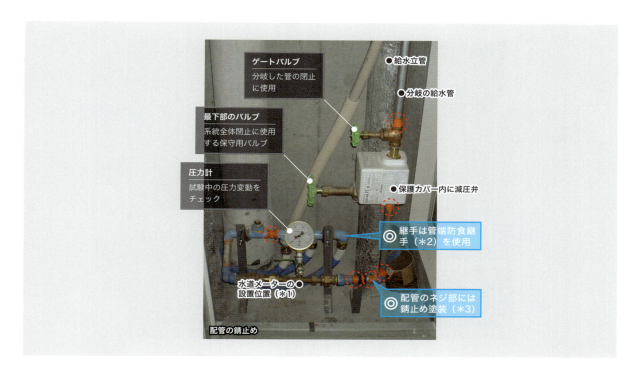

1．管の接合部の塗装
鋼管のネジ接合（＊3）部分が継手より出てしまう場合は、その部分に錆止め塗装（＊4）を施します。

2．外面ライニング管
外面ライニング管をネジ接合する場合、パイプレンチなどの締めつけで傷ついてしまったら、防食テープを用いて補修します。ただし、湿気や水気がある場所では、テープがはがれやすいので、注意しましょう。

3．塗装状況の確認
塗装の状況確認は、表面だけでなく裏面も確認して（鏡で見るとよい）、塗装の漏れがないか確認します。

＊1　水道メーターの設置
新築建物の場合は、メーターユニットの使用を指定する水道事業者が多い。写真は、メーターユニットを使用しない例で、金属管のネジ部の処理を示す。

＊2　管端防食継手
給水の赤水対策として開発された継手。管継手と樹脂のコアを一体成型し、鋼管の切断面と管継手の鉄部を水から遮断する継手をいう。

＊3　管のネジ接合

下記参考図書に詳しい。

『目で見てわかる配管作業』

＊4　ネジ部の塗装

下記参考図書を参考にするとよい。

『公共建築工事標準仕様書（機械設備工事編）』

メーターボックス　給排水配管

12 給水立管最頂部のバルブ設置
吸排気弁、空気抜弁の排水処理

加圧給水設備では給水立管の最頂部に空気抜弁、増圧給水設備では吸排気弁を設置します。

頂部のバルブ（p.25 参照）：
◎ 加圧給水では、最上階の配管を伸長し空気抜弁や、負圧予防の弁を設置

遮音シート（＊1）
排水騒音の防止

用途表示札：
◎ 使用時状態を札に示す

排水ホース：空気抜弁の排水●

●亀甲金網

メーターボックス用排水管（耐火三層管）●

バルブからの排水処理

1．加圧給水設備の場合

① 空気抜弁に排水
バルブ（＊4、5）の作動状況によっては排水が生じるので、内部廊下のメーターボックスでは専用の排水管を設け、排水がメーターボックス外に出るのを防ぎます。

空気抜弁
水道法性能基準適合品、青銅製
（提供：㈱ベン）

② 内部廊下以外の排水
空気抜弁の排水は常時はなく、不具合による排水はあっても少量なので、外廊下に流れ出るようにするか、簡易なバケツ状のものに排水を受け、自然蒸発に任せます。

③ 保守用のバルブ
弁の点検や取り外しが可能なように、空気抜弁の手前に保守用の弁（ゲートバルブやボールバルブ（＊2、3））を設置します。

＊1　遮音シート
騒音を防止することを目的として開発された防音材料。シートは塩ビに金属粉などが含まれるシート状の材料で、壁、床、天井用、ダクト用、配管用がある。写真は、配管用の遮音シートで排水騒音を防ぐ例。

＊2　ゲートバルブ
弁本体が上下して管路を開閉する。全閉、全開状態で用いるのが望ましい。

＊3　ボールバルブ
孔の開いた球形の弁体が、弁棒を軸に回転して流路を開閉するバルブ。全開で管路が一直線になり流体抵抗が小さい。

＊4　バルブの一般知識

下記参考図書がよい。

『絵とき配管技術用語事典』

＊5　バルブのより詳細な知識

下記参考図書に詳しい。

『第14版 空気調和・衛生工学便覧 5 計画・施工・維持管理編』

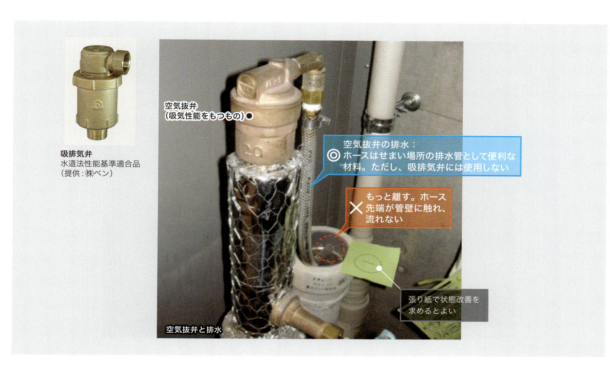

吸排気弁
水道法性能基準適合品
（提供：㈱ベン）

空気抜弁
（吸気性能をもつもの）●

空気抜弁の排水：
◎ ホースはせまい場所の排水管として便利な材料。ただし、吸排気弁には使用しない

× もっと離す。ホース先端が管壁に触れ、流れない

張り紙で状態改善を求めるとよい

空気抜弁と排水

2. 上向き給水（＊6）設備全般

① 給水主管の頂部へ取付けるバルブ
増圧給水設備では最頂部に吸排気弁（＊7）を設置します。管の負圧を防ぐための吸気や、管内の空気排出を行うバルブです。加圧（自動）給水設備では立管内部に生じた空気を除去するバルブ、空気抜弁（＊8）を設置します。

② 吸排気弁、空気抜弁の排水
空気抜弁の排水管には樹脂ホースの使用ができますが、吸排気弁は負圧で空気を吸い込むときに、動作を妨げる恐れがあるため、塞がることのない塩ビ管を使用します。

③ 弁取付けの注意
吸排気弁は給水立管の口径に必要な吸気量に見合うものを選びます。水道事業者が基準を示しているので確認しましょう。

3. 給水方式
集合住宅の給水方式は、ほかに高架水槽方式や圧力給水方式などがあります。それぞれの特徴を理解し、最適な給水方式を選定しましょう（＊9、p.65 ＊8）。

＊6 上向き給水
建物の下方から上方向に向かって給水する方法。屋上などに水槽を置き、下階に重力で給水する方法が下向き給水。増圧給水、加圧給水はいずれも上向き給水で、給水本管から直接給水するのが増圧給水設備、本管からの水を受水槽へ貯めたのちに、ポンプで送水するのが加圧給水設備。

＊7 吸排気弁
配管内に詰まった空気をスムーズに排気する機能と急速吸気機能を併せもつ弁で配管内に負圧が生じたときに空気を吸入し、給水充水時は管内の空気を排出し、給水栓からの空気噴出を軽減するバルブ。給水立管の最上部に設置し、増圧給水設備に用いる。
保守点検用のバルブは玉形弁など穴径の絞られたものは、吸排気弁や空気抜弁には使用しない。メーカの示す注意事項を確認して間違いのない取付けをする。

＊8 空気抜弁
送水前の配管にある空気の除去、送水後の管内に生じた空気の除去を目的として設置するバルブ。液体用のポンプは空気を送れず、管内の空気は衝撃や騒音の原因ともなるので、エアーを抜くときに開き、除去後に自動閉止する機構をもつバルブ。

＊9 給水方式
下記参考図書で集合住宅の給水方式の概要がわかる。

『知識ゼロから学ぶ建築設備のしくみ』

メーターボックス　給排水配管

13 点検時の不具合修正
サヤ管端部の防水指示など

施工状況の不具合箇所は、簡潔な指示で修正を求めましょう。

1．修正指示の方法

業者間のやりとりは意思疎通がおろそかになりがちです。明確に修正を依頼できるよう心がけましょう。写真の例は、下記①～③の修正を求めています。

① サヤ管の端部を開けない
サヤ管の端部が開いていると、結露水や、漏水が管を伝わり室内に入りかねません。サヤ管の末端は、専用の部材を使用して塞ぎましょう。

② 防露、保温対策
給水管の温度は室温より低く、管に結露が予想されます。結露発生への対策として保温材で防露します。

③ シール材による漏水対策
シール材にはシールテープがあります。この材料は、後で外すことがある水栓器具や配管に使用します。シールテープはテフロン樹脂の薄いテープで、ネジにこれを巻きつけ絞めこむことで漏水を防止します（＊3）。

＊1　サヤ管
樹脂管（架橋ポリエチレン管、ポリブデン管）を入れ、保護や、更新時に鞘として使用する外管をいう。
CD管が用いられるが、これは耐燃性のない合成樹脂管で、電線管として用いられてきた材料と同じもの。

＊2　シールテープ
配管の接続部分に生じる隙間を埋めるシール材、テフロン製で薄いテープとしてリールに巻かれており、管テーパのネジ部分を埋めるために使用される。シール材として、テープ以外では液状のものがある。

＊3　シール材

シール材の種類と使用法を知りたいなら、下記参考図書がよい。

『目で見てわかる配管作業』

メーターボックス　メンテナンス

14 設備更新への配慮
取換えを容易にする配置計画

メーターボックスの配管類は、メンテナンスを考慮して配置します。

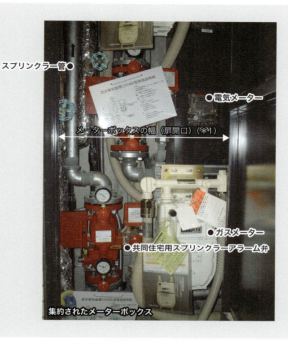

スプリンクラー管
電気メーター
メーターボックスの幅（扉開口）（*1）
ガスメーター
共同住宅用スプリンクラーアラーム弁
集約されたメーターボックス

1. メーターボックスのスペース
メーターボックスは、供給事業者より、幅や奥行、高さなどの寸法を指定されることがあります（*2）。後々の更新、修繕が容易となるように、管やメーターなどの機器配置を決めましょう。

2. 用途に応じた分離を計画
メーター類や消防設備の機器類は、用途・目的に応じた分離を計画すると、メンテナンスのときにほかの設備への支障をきたさず維持・更新が可能となります。規定だけでなく、保守を考えた設置スペースの確保に留意しましょう。

＊1　メーターボックスの有効寸法
メーターボックスの扉の開口、有効スペース（幅、奥行、高さ）は、メーターの種別により、供給事業者の規定もあるので、それらを参考にメーターボックスの有効寸法を決めることになる。（東京都における水道メーター室の寸法は、集合住宅の場合、幅500mm以上、奥行350mm以上、高さ500mm以上）

＊2　各水道事業者の給水装置工事設計などの資料
給水装置の工事設計等の資料は、東京都水道局、大阪市水道局など多くの自治体で供給事業者が、ホームページ上で基準・要領などを開示している。

2 樹脂管

住宅の給水・給湯配管では、樹脂管が多く採用されます。樹脂管は、消火設備やガス配管など、多様な用途に利用されていますが、ここでは住宅内部の給水配管・給湯配管に限って、先分岐工法とヘッダー工法の施工にあたっての注意事項や支持や固定の考え方、継手や部材、傷がつきやすい樹脂管の保護方法を図面例とともに理解します。
樹脂管は工事中に釘が打たれていても、釘が錆細ってくるまで漏水が顕著にならない性質をもっています。この事態を防ぐための水圧検査の方法なども記載しています。

樹脂管　先分岐工法

01 先分岐工法の施工管理（1）
配管方法、材質と継手、加工方法

(1) メイン管にエルボやチーズなどの継手を取付けて末端までの水栓に順次配管をするのが先分岐工法です。

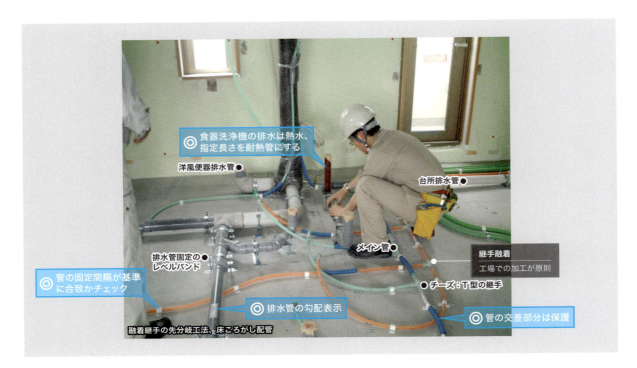

融着継手の先分岐工法、床ころがし配管

1. 先分岐工法（＊1）の施工

① 床ころがし配管と天井配管
建築の納まりにより、床ころがし、もしくは天井配管を選択します。天井配管方式の場合は、天井内温度と給水管の温度差で、給水管の表面に結露する場合があるので、管に結露防止（＊2）の対策をします。

② 架橋ポリエチレン管
架橋ポリエチレン管（＊3）には色付きのものがあり、色を分けると管の用途がすぐわかります。

③ 融着継手は、現場での融着を避ける
先分岐工法では、分岐部分に専用の継手を使用します。継手として融着継手（＊4）とメカニカル継手があります。各継手の特徴を理解して使用します。

④ 工場加工は信頼性が高い
給水・給湯に使用する管全体を工場加工（＊5）にすると、現場接続は水道メーターと器具部分だけになるので、水漏れ防止への信頼性が高まります。

＊1　先分岐工法
チーズやエルボなどの継手を使用し、主管から末端の水栓まで、順次分岐しながら配管する工法。

＊2　結露防止
天井配管では、結露水の落下で天井材の汚損が想定されるため、少量の結露でも対策が必要。床の場合は、結露は少量なので対策はしなくてもよい。

＊3　架橋ポリエチレン管
ポリエチレンを材料とする合成樹脂管、耐蝕性、耐熱性、耐塩素水性があり、給水、給湯配管から床暖房の温水配管に用いられる（p.21参照）。
最少曲げ半径は、配管外径の6D以上で、呼び径10Aが78mm（目安120）、13が102mm（目安150）、16が129mm（目安200）と示される。（出典：三井化学産資資料）

＊4　融着継手
電気融着では、現場の電圧変動で、融着が不完全となる場合があるため、仮設電力を電源としての融着は行わないほうがよい。

＊5　工場加工
住戸内の給水・給湯配管の図面をもとに工場で制作されるプレハブ加工は、現場加工より精度が高く、配管敷設も省力化できる。

（2）先分岐工法は、曲げ・配管の支持・固定の間隔、管相互の交差による損傷を注意して配管します。

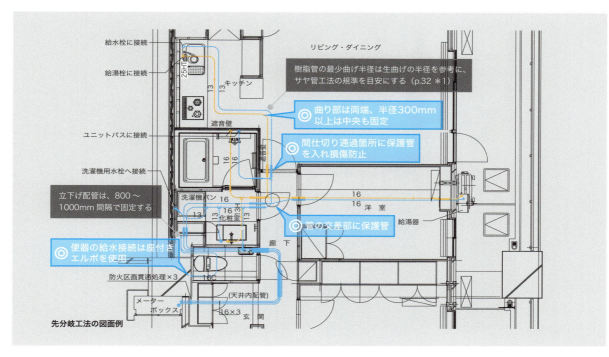

先分岐工法の図面例

2. 図面で見る先分岐工法

① 先分岐工法
従来の金属管の配管工法を樹脂管（＊6）に置き換えたもので、メイン管に取付けの継手から分岐して、末端までの器具に管を接続していく工法です。ヘッダー工法より安価に施工ができます。

② 施工上の注意事項
・スラブ段差部分や鋭利な金属に近接する部分は、管に傷がつきやすい
・傷、座屈の生じた配管を使用しない
・配管を生曲げする場合は、メーカーが示す最少半径を守る
・溶接の火花や、バーナーの火を近づけないようにする
・管の交差部分、管が損傷しやすい個所に保護管（CD管）をかぶせる
・天井配管では、給水管の結露に留意し、防露の措置を行う

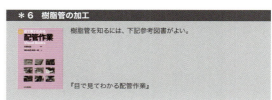

＊6　樹脂管の加工

樹脂管を知るには、下記参考図書がよい。

『目で見てわかる配管作業』

樹脂管　先分岐工法

02 先分岐工法の施工管理（2）
管の支持間隔、曲げ半径

管の座屈や破損に注意し、損傷の恐れのある箇所は養生や保護に留意し、基準の支持間隔、曲げ半径を守ります。

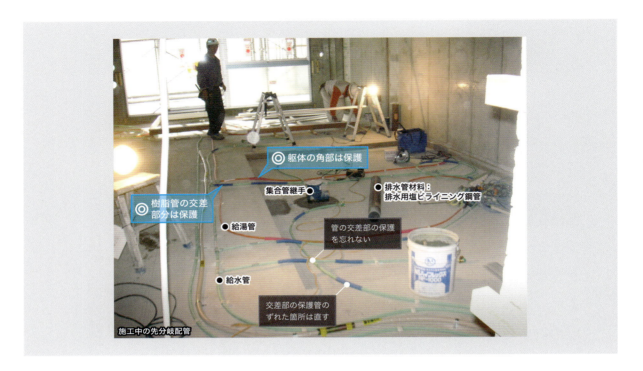

1．先分岐工法
メカニカル継手と融着継手があります。融着継手は、あらかじめ工場で取付け加工しておくと、漏水事故の軽減となります。メカニカル継手は、メーカーの基準に従い取付けます。融着継手とメカニカル継手の併用は避けます（＊2）。

2．支持間隔と曲げ半径
樹脂管は、最少曲げ半径（＊1）が決まっています。常温の最少曲げ半径は 10〜13φが150mm、16φが200mm、20φが300mmを目安とします。
管の支持間隔はサヤ管工法（p33 ＊3）を目安とし、継手部分も要所を固定します。

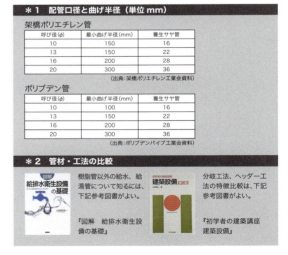

＊1　配管口径と曲げ半径（単位 mm）

架橋ポリエチレン管

呼び径(φ)	最小曲げ半径(mm)	養生サヤ管
10	150	16
13	150	22
16	200	28
20	300	36

（出典：架橋ポリエチレン工業会資料）

ポリブデン管

呼び径(φ)	最小曲げ半径(mm)	養生サヤ管
10	100	16
13	150	22
16	200	28
20	300	36

（出典：ポリブデンパイプ工業会資料）

＊2　管材・工法の比較

樹脂管以外の給水、給湯管について知るには、下記参考図書がよい。
『図解　給排水衛生設備の基礎』

分岐工法、ヘッダー工法の特徴比較は、下記参考図書がよい。
『初学者の建築講座 建築設備』

樹脂管　ヘッダー工法

03 ヘッダー工法の基本
ヘッダー工法の図面

ヘッダー工法（*1）は、サヤ管ヘッダー工法・サヤなしヘッダー工法の二種類があります。

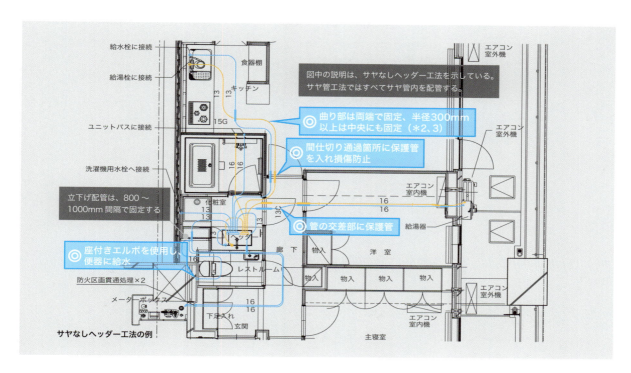

サヤなしヘッダー工法の例

1. ヘッダー工法の利点

先分岐工法よりもコストがかかりますが、各水量が安定し、施工精度も保たれる利点があります。ただし、施工を誤ると本来の工法のよさを発揮できません。

①サヤ管ヘッダー工法（p.34）
　樹脂管をサヤ管（CD管）に入れ、ヘッダーから各器具まで単独に配管する工法です。サヤ管に入れた配管は、入れ替えて更新が可能です。更新は専用部材（*4）を使用して入れ替えます。

②サヤなしヘッダー工法（p.35）
　樹脂管をサヤ管（CD管）に入れず、直接ヘッダーから各器具まで単独に配管する工法です。設置後、管の更新で抜き替えはできません。

2. 施工上の注意事項

①樹脂管の更新が容易な配管ルートを計画します。
②サヤ管工法では、管の抜き替えが可能な水栓のボックスなど、器具・水栓接続にの専用部材を使用します。
③サヤ管にはCD管キャップを取付け、漏水してもCD管内を伝わらないようにします。
④配管は、できるだけ直線で最短距離とします。
⑤サヤ管なしでは、管の交差部分、管が損傷しやすい個所に保護管（CD管）をかぶせます。

*1　ヘッダー工法
各水栓への配管をヘッダーから分岐して個別に直接配管する工法。配管の途中に継手を設けない。配管の分岐を、1カ所で行う部材をいう。

*2　配管口径と曲げ半径、曲げ個数

架橋ポリエチレン管

PE、PB管呼び径(ϕ)	サヤ管呼び径(ϕ)	最小曲げ半径(mm)		曲げ箇所数		
		水平部	立上部	水平部	立上部	計
10	22	300	150	4以下	2以下	6以下
13	25	400	200	3以下	2以下	5以下
16	28	500	250	2以下	2以下	5以下
20	36	600	350	3以下	2以下	5以下

（出典：架橋ポリエチレン工業会資料）

ポリブデン管

PE、PB管呼び径(ϕ)	サヤ管呼び径(ϕ)	最小曲げ半径(mm)		曲げ箇所数		
		水平部	立上部	水平部	立上部	計
10	22	200	150	4以下	2以下	6以下
13	25	250	150	3以下	2以下	5以下
16	30	350	200	4以下	2以下	5以下
20	36	450	200	4以下	2以下	6以下

（出典：ポリブデンパイプ工業会資料）

*3　サヤ管支持間隔

直線部(mm)	曲げ部(mm)	立上り管
1,000以内　天井配管は、ϕ25以下は800以内、ϕ28以上は500以内	R部の両端　300R以上は中央にも支持する	サポート部材を使用する

（出典：架橋ポリエチレン工業会資料）

*4　配管の更新部材
樹脂管更新ガイドを用いて、更新する樹脂管と交換する樹脂管を直接連結し、交換する樹脂管を引き抜いて入れ替える。通管完了後は先端を4cm程切り取り、傷がないことを確認し、器具・ヘッダーに接続する。

樹脂管　ヘッダー工法

04 サヤ管ヘッダー工法
ヘッダーを固定し、サヤ管に挿入し、ルートを決め固定する

サヤ管工法で使用するサヤ管のCD管は、途中で切れ目がないように施工します。

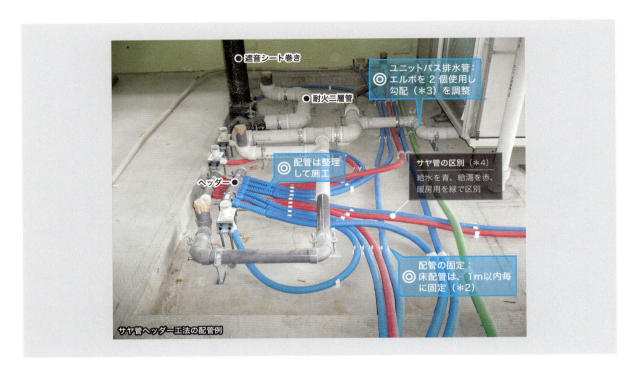

サヤ管ヘッダー工法の配管例

ラベル:
- 遮音シート巻き
- 耐火二層管
- ヘッダー
- ユニットバス排水管：エルボを2個使用し勾配（*3）を調整
- 配管は整理して施工
- サヤ管の区別（*4）：給水を青、給湯を赤、暖房用を緑で区別
- 配管の固定：床配管は、1m以内毎に固定（*2）

1. ヘッダーの設置
給水・給湯のヘッダーは、維持点検が支障なくできる場所に設置します。必要に応じて各系統の管にバルブの設置を検討します。バルブがあると系統ごとに管理ができます。

サヤ管ヘッダー工法の器具接続箇所

ラベル:
- 器具への接続は目視できる位置に
- 樹脂管の挿入（*1）

＊1　樹脂管の挿入
樹脂管の挿入は、樹脂管ガイド（樹脂管の内部にねじ込む部材）や、ガイドにさらに呼び線を取付け押し引きして通管する。水栓の接続には専用の部材を用いて、これにサヤ管を取付けます。

＊2　配管の固定
サヤ管の固定は、配管口径と曲げ半径、曲げ個数サヤ管支持間隔（p.33＊3）を参照する。

＊3　排水勾配
排水管は所定の勾配を必要する。詳細は、p.74＊1の排水管の勾配を参考とすること。エルボを2個利用（通称：エルボ返し）すると、排水管と近接する器具排水を接続するときの、勾配確保が容易となる。

＊4　サヤ管の区別
サヤ管は合成樹脂可とう管（CD管）とし、給水は青系、給湯はオレンジ系を使用すると、容易に区別ができる。

2. ヘッダーの点検口
点検用開口の大きさは、分岐配管数により寸法も変わるので、建築工事、設備工事間の打合せを忘れずに行い、配管は整理して施工します。

3. サヤ管
サヤ管はヘッダーから末端の器具までを1本で敷設し、樹脂管の更新を容易にします。
樹脂管の挿入は専用部材（p.33＊3）で行います。

樹脂管　ヘッダー工法

05 サヤなしヘッダー工法
サヤ管なしのヘッダー工法

サヤなしヘッダー工法は、ヘッダーから器具までの樹脂管を、サヤ管に入れず直に配管する方法です。

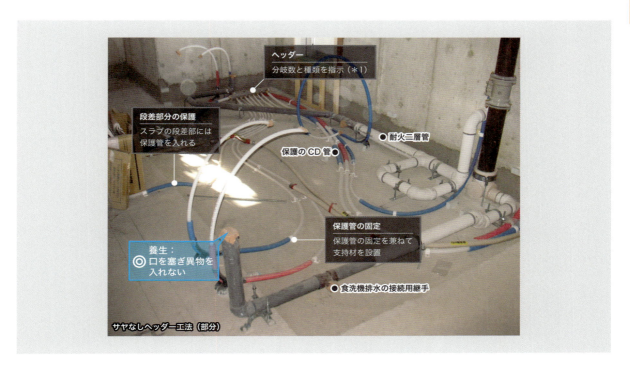

サヤなしヘッダー工法（部分）

- ヘッダー：分岐数と種類を指示（*1）
- 段差部分の保護：スラブの段差部には保護管を入れる
- 耐火三層管
- 保護のCD管
- 養生：口を塞ぎ異物を入れない
- 保護管の固定：保護管の固定を兼ねて支持材を設置
- 食洗機排水の接続用継手

1．サヤなしヘッダー工法の特徴

サヤなしヘッダー工法はサヤ管ヘッダー工法と異なり、樹脂管を更新することができません。通水したときの配管内の抵抗は、先分岐工法（p.30）に比べて少なくなります。

2．樹脂管の区別

樹脂管の色を分けない場合は、給水と給湯の区別をヘッダー部分や保護管、器具の取付け部の付近でわかるようにしましょう。

樹脂管の敷設：給湯、給水の区別を明示（*2）
ヘッダー
色分けがなくわかりにくい例

3．分岐管とバルブ

各系統の管それぞれにバルブを設置すると系統ごとに閉止ができますが、管を抜き変えることが不可能なサヤなしヘッダー工法では、給水メーターのバルブで閉止するのが一般的です。

＊1　ヘッダーの分岐数と種類
分岐数に応じたものを用意する。材質で砲金製のものは、連結で分岐数を増すことができる。砲金以外では樹脂製もある。ヘッダー固定用架台には既製品がある。

＊2　樹脂管の敷設
樹脂管を色分けしない場合は、水・湯の別を明示する。サヤなしヘッダー工法ではヘッダーも樹脂製とし、工場で分岐管と一体に融着したプレハブ加工済のものを現場へ搬入し敷設する施工法もある。

樹脂管　ヘッダー工法

06 ヘッダー設置と分岐数
部材の選び方、分岐部の整理

ヘッダー工法における給水・給湯管の分岐はヘッダーで行います。

- × 分岐は、ヘッダー以外ではしない
- × メカニカル継手は、万一の漏水事故を想定し、確認できる場所に使用するのが望ましい
- ● 給水ヘッダー
- ● サヤ管端末部材（シーリングキャップ）
- ● さや管の固定・支持部材（連結サドル）

サヤ管ヘッダー工法のヘッダー部分

1. サヤ管ヘッダー工法の部材
ヘッダー工法の施工では、用途に応じた専用部材を選定し取付けます。樹脂管メーカーの技術資料・取付事例なども参考にして施工します。

2. サヤ管の色分け
給水管と給湯管の区別を明確にするために、サヤ管を色分けします。給水用の青、給湯用の赤と識別しやすい既製品が用意されています。分岐部には行先表示（＊1）を取付け、メンテナンスに配慮します。

3. ヘッダー以外の分岐
ヘッダー工法では、ヘッダー以外での分岐を避けます。分岐をヘッダー以外に設けると、施工精度を高める目的が失われ、ヘッダー工法とは言えなくなります。

> **＊1　行先表示**
> サヤ管の行先を示す表示プレートや表示シールは、既成品として市販されている。表示プレートは管に結束するタイプと CD 管にかぶせるタイプがある。

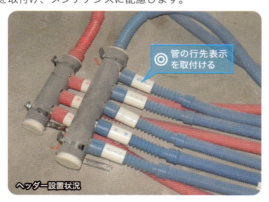

◎ 管の行先表示を取付ける

ヘッダー設置状況

樹脂管　保護管

07 樹脂管の交差処理
スラブ段差、交差部分の損傷防止

樹脂管相互が交差する部分、スラブ段差を通過する部分、鋭利な金属に接する部分は、サヤ管で保護します。

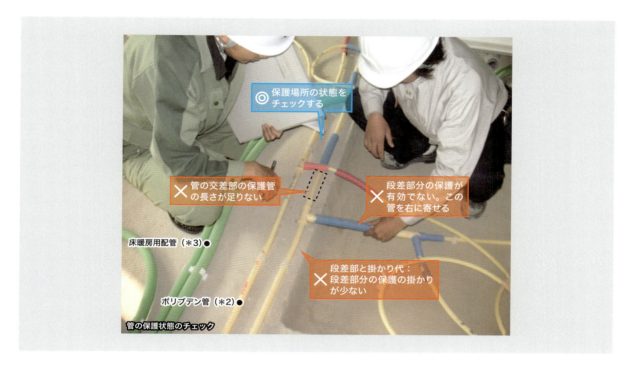

- ◎ 保護場所の状態をチェックする
- ✕ 管の交差部の保護管の長さが足りない
- ✕ 段差部分の保護が有効でない。この管を右に寄せる
- ✕ 段差部と掛かり代：段差部分の保護の掛かりが少ない
- 床暖房用配管（＊3）
- ポリブデン管（＊2）

管の保護状態のチェック

1．躯体の角部分
コンクリート躯体の角部分に樹脂管が触れると、傷がつき破損する恐れがあります。
破損を防ぐために、養生に保護用のサヤ管（＊1）を挿入します。

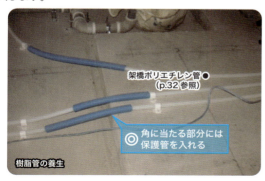

- 架橋ポリエチレン管（p.32参照）
- ◎ 角に当たる部分には保護管を入れる

樹脂管の養生

＊1　保護管
保護管にはCD管を用いる。天井・床配管を問わず、損傷の危険がある箇所は保護を行う。

＊2　ポリブデン管
ポリブデンを材料とする合成樹脂管、耐熱性、軽量性、可とう性を有し、給水、給湯配管から床暖房の温水配管に用いる。最少曲げ半径は、呼び径10が130mm、13が170mm、16が220mm、20が270mm。曲げ半径（出典：㈱ブリヂストン）は、工業会資料（p.32＊1）も併せ参照。

＊3　床暖房用配管
樹脂管は、給水、給湯用以外に床暖房用や、浴槽の追い炊き用や、空調用、消防用、温泉用などに耐食性、耐熱性に優れる利点から広く利用する。暖房用以外では消防用として認定された製品もある。

2．樹脂管が重なる部分
樹脂管が交差する部分では、床下地で押しつけられたり、施工時に誤って踏みつけられたりして破損する恐れがあります。配管交差部分には、サヤ管を管のいずれか一方に取付け、管の交差によって生じる破損を防ぎます。

樹脂管　保護管

08 鋭利な金属との接触回避
鋭利な金属との接触を避ける

(1) 軽量形鋼の切断部は鋭利で、樹脂管を傷つけます。破損防止の保護が必要です。

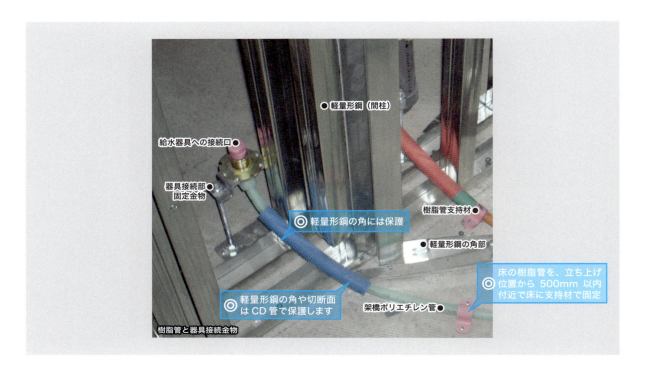

樹脂管と器具接続金物

1．鋭利なものからの保護

① 軽量形鋼の角部分の保護
壁の間柱として使用される軽量形鋼のエッジも、樹脂管を損傷させます。この部分にはサヤ管を挿入し破損の防止をします。

② 器具への接続は専用の部材を使用
樹脂管から、給水・給湯器具への接続は、専用の部材を使用してしっかり固定し、器具のがたつきを防ぎます。立ち上げ部分から 500mm 以内に支持材を入れると、しっかりした固定ができるでしょう。

③ ウォーターハンマー（＊1）への対処
器具接続の固定部分や、配管の曲げ部など、ウォーターハンマーによる管の振動が予想される部位は、水撃対策からもしっかりと固定しましょう（＊2、3）。

＊1　ウォーターハンマー
水撃作用とも言う。水栓を締め切ったとき、水流が管内でおこす衝撃のこと。振動や音としてあらわれる。ポンプの揚水が停止するときにも発生する。全自動洗濯機などの給水の自動閉鎖時の打撃音もウォーターハンマーで起こったもの。

＊2　ウォーターハンマーの防止策
ポンプ吐出口では水撃防止逆止弁をつけて防止する。あわせて、給水立管の最上部、もしくは給水メーター付近にウォーターハンマー防止器をつける方法がある。
集合住宅では、給水立管の最上部にウォーターハンマー防止器をつけ、各戸のメーター付近に、さらに防止器の取付け口を用意して、衝撃が発生した場合に対応する方法もある。

＊3　ウォーターハンマーの詳細
水撃作用の原因と防止策は下記参考図書に詳しい。

『給排水衛生設備計画設計の実務の知識』

(2) 保護方法には規則性をもたせ、ずれないように固定します。保護管の長さも必要に応じ調整します。

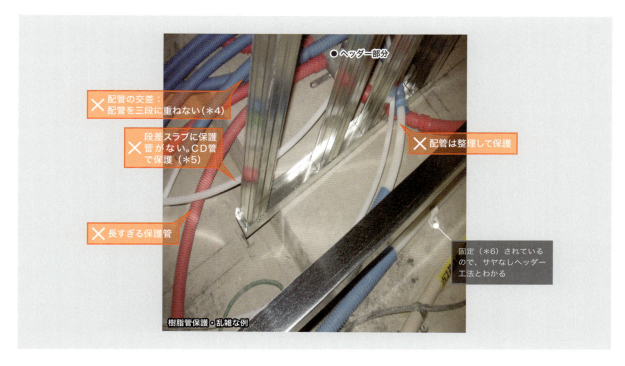

1．保護を乱雑にしない

① 樹脂管の保護
樹脂管の保護用 CD 管は必要な長さを、必要場所に応じて設置しましょう。保護方法には規則性をもたせ、保護が有効になるように固定します。乱雑な保護は、保護管の本来の目的を損ないます。

② 工法を明確にする
サヤ管ヘッダー工法とサヤなしヘッダー工法は異なる施工方法です。写真はサヤなし工法ですが、無駄に長い保護用のサヤ管のせいでサヤ管工法のサヤ管が切断していると、間違えかねません。
工法を明確にわかるように施工することが、施工精度の向上につながります。

＊4　配管の交差
配管は、できるだけ交差しないよう計画する。交差が多いと施工中に現場作業員が誤って踏んでしまったときに破損する恐れが出る。

＊5　スラブ段差と保護
スラブ段差の角部は、樹脂管を傷つける。施工中に最も保護が必要な箇所。

＊6　固定方法
固定間隔は、p.33 ＊3 を参考に計画する。保護管のある個所は、保護管がずれないように固定を入れる。

樹脂管　防音・防露

09 天井配管の固定
結露防止・騒音対策

天井配管では、給水管の結露に注意が必要です。また、管からの流水音の伝播防止は支持方法の工夫で予防します。

- ● 床暖房用配管
- ● パイプ保温材（*2）：給湯用（ピンク系色）
- ● パイプ保温材：給水用（青系色）

防露：
◎ 給水管には、室温との温度差から結露が予想され、防露が必要

支持、固定の間隔（p.33 *3）：
◎ 天井配管では、支持固定を800mm以内に設ける

天井配管の見上げ

1．温度差を緩和する施工が結露を防ぐ

① 天井配管の結露対策

天井配管では、天井内温度と給水管の温度差による結露に留意します。対策としては、結露防止テープを巻きつける、保温付き管（*1、2）を採用するなどがあります。

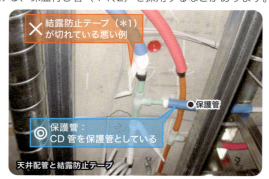

✕ 結露防止テープ（*1）が切れている悪い例

● 保護管
◎ 保護管：CD管を保護管としている

天井配管と結露防止テープ

② 流水音伝播の防止

配管から流水音が漏れ、上階住戸へ音が伝播することもあります。天井配管ルートは、寝室を避けて廊下や水回り部分とするのがよいでしょう。

＊1　結露防止テープ

吸水力の高い布などの材料をテープ状に加工したもの。配管の結露を一時的に吸収することにより、被害を防止する。配管に巻きつけ使用する。

＊2　パイプ保温材

材質は架橋ポリエチレンホームで、樹脂管の保温用として厚み5mmと10mmがある。保温材をあらかじめセットした樹脂管（架橋ポリエチレン管、ポリブデン管）もある。

＊3　樹脂管の支持間隔

樹脂管の支持間隔は、天井配管では800mm以下にする。国土交通省仕様では、16mm以下は、600mm以下の支持間隔となっている。曲り部は300mm以内に固定する。

固定用の部材と、天井配管

- 上階の床スラブ
- 支持材を接着して、配管の流水音を防ぐ
- 床暖房用CD管：ペアチューブ（*4）内蔵されたもの
- 樹脂バンド（*5）サドル型

2. 天井配管の固定と防振対策
流水音が天井や、床から伝わるのを防ぐ固定方法とします。

① 騒音伝播の留意
流水音を上下階の住戸に伝播させたくない場所では、防振固定を採用するのがよいでしょう。

② 固定方法
樹脂バンド（*5）などの固定用部材を用いて支持する方法と、直接スラブに取付ける方法があります。直に躯体に取付けるときは、防振・音の伝播に留意します。

*4 ペアチューブ
温水暖房用の往管と復管を一つにまとめたもの。樹脂管を2本断熱したもの、さらにCD管に挿入済みのもの、信号線と一体にしたものがある。

*5 樹脂バンド
配管の支持に使用する部材。電気絶縁や管の保護、露出配管では美観目的の支持材で使用される。材質は、ポリプロピレンとABS樹脂が一般的。樹脂の特性上、紫外線で劣化するので、屋外での使用は避ける。床配管の固定、吊配管用、ワンタッチで固定可能なもの、防振材と一体のものや耐熱対応品もある。

*6 防振ゴム
振動吸収を目的に成形されたゴム。ここでのゴムとは、合成ゴムを含み、金属を両端につけ大きな荷重に耐えるものや、機器に合わせ、防振架台としたものなどがある。用途も配管用、機器用があり、吊り用として使用したり、形もシート状から、角型、丸型、鞍型、V型、山型など多様な種類がある。

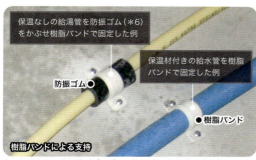

樹脂バンドによる支持

- 保温なしの給湯管を防振ゴム（*6）をかぶせ樹脂バンドで固定した例
- 防振ゴム
- 保温材付きの給水管を樹脂バンドで固定した例
- 樹脂バンド

左は保温なしの給湯管（ポリブデン管）、右は保温付の給水管、いずれも天井配管。給水管は防露対策の保温で緩衝されるが、給湯管は緩衝となる保温材がないので、防振ゴムを介して固定し、振動と音の伝播防止に配慮している例。

樹脂管　その他の管材

10 さまざまな管材
被覆銅管とヘッダー工法

給水・給湯用の配管にはさまざまな材料があり、ヘッダー工法に用いるのは樹脂管だけではありません（＊3）。

銅管ヘッダー工法とヘッダー部分

メンテナンス：ヘッダー位置で配管を整理すると容易

被覆銅管の色分け：給水が青、給湯がオレンジ色

1．銅管ヘッダー工法
ヘッダー工法は、樹脂管に限られた配管方式ではありません。銅管（＊1）やステンレス管でも可能です。写真は被覆銅管のチューブタイプを使用した銅管ヘッダー工法です。

2．樹脂管と銅管の特性
樹脂管には錆の発生がない特性に加え、重量が軽いので施工が容易です。銅管には金属管としての強度・耐熱・銅から得られる抗菌性（＊2）・リサイクル・環境ホルモンと無縁、といったメリットがあります。

3．銅管の規格
管の肉厚によって、K、L、Mの3種類（外径寸法は同じ）があり、給水・給湯配管には一般的に肉厚の薄いMタイプが使われています。

＊1　銅管
呼び径10Aでも十分な流量が確保される利点がある。((一社) 日本銅センターホームページ、http://www.jcda.or.jp/（2016年6月現在））。銅管の種類には給水・給湯用以外に医療用、空調用、冷媒配管用がある。

＊2　銅管と抗菌作用
湯が循環しない分岐配管では、銅イオンによる抗菌作用が期待でき、局所給湯方式の一管式配管では、管の腐食はほとんどない。ただし、pH値が低く遊離炭酸を多く含む水（地下水などの場合に多い）は銅管の腐食が発生しやすいので、井戸水を使用する場合は水質に注意する必要がある。（出典：空気調和・給排水衛生設備施工の実務の知識）

＊3　管材の種別と用途

適切な配管材については、下記参考図書に詳しい。
『空気調和・給排水衛生設備施工の実務の知識』

詳しく調べるなら、下記参考図書がよい。
『配管材料ポケットブック』

とりあえずの知識を得たいなら、下記参考図書がよい。
『よくわかる建築配管1』

樹脂管　水圧試験

11 給水・給湯配管の水圧テスト
水道用自記圧力計の使用

すべての工事が終了したのちに、給水管・給湯管に再度水圧をかけて圧力変動の有無を記録すると、施工精度が高まります。

自記圧力計の使用例

1. 完成時に水圧テスト
すべての工事が終了したのちに、給水管・給湯管に再度水圧試験（＊1）を行い、水圧変動がないことを確認すると、配管工事終了までの間に不具合が生じなかったことを確認できます（＊4）。

2. 自記圧力計
自記圧力計（＊2）は水圧変動がないことを記録でき、樹脂管の破損（＊3）の有無が確認できます。

＊1　水圧試験
水圧試験は、配管の途中、隠ぺいや埋戻しの前、配管完了後などに適宜行う。各種配管設備の用途に応じて、圧力値、保持時間は変わる。排水管では管内を満水する方法で行い、その他の配管は所定圧を加え保持時間後に、圧力変動がなければ、漏れがないと判断する。

＊2　自記圧力計
自記圧力計は、設備工事ではガス会社が行う気密試験で見るが、水道用もあり、記録時間は1、4、12時間、1、2、3、4、7日間で、円形記録紙に記録できる。

＊3　樹脂管の破損
樹脂管を釘が打ち抜いた場合、即座に漏水が起こらず、釘が腐食し細ることで漏水が顕著となる場合がある。わずかな漏水の有無の確認が、長時間圧力をかけ記録する自記圧力計で可能となる。

＊4　水圧テストの詳細

下記参考図書の配管工事・試験では、各配管種別ごとの試験方法が示されており、一般的に、この規定に準拠し水圧試験が行われる。

『公共建築工事標準仕様書（機械設備工事編）』

3 給排水機器設置

住戸内の住設機器を、トイレ、キッチン、洗面室、洗濯機、サービスシンクなどの部位ごとに分けて、設置時の注意点を解説します。機器の取付けでは漏水や水量調整を容易に確認する方法を、排水配管では配管に要するスペースを排水勾配から算出し参考として載せました。振動が予想されるデスポーザーの据付けの留意事項や漏水をチェックしやすい洗濯機用防水パンの透明トラップ、ガス給湯器では配管からの浸水防止方法や近接の可燃材などへの配慮を理解します。
機器では、増圧給水設備と受水槽について設置方法の概要をおさえます。

給排水機器設置　概要

01 器具まわりの設備配管
器具と配管の取り合い

（1）排水は、最短距離の配管を計画し、所定の管勾配を確保します。

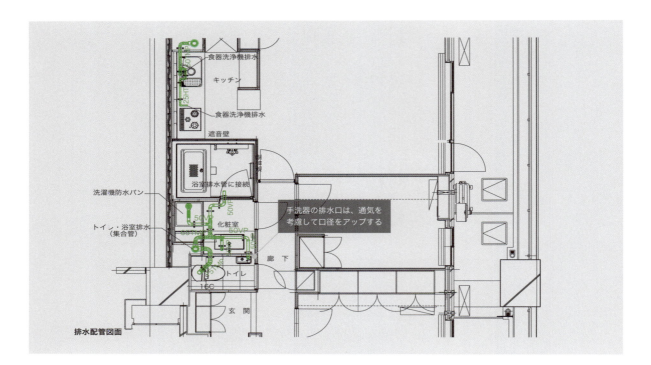

排水配管図面

1. 配管用の空間
集合住宅では、排水配管を床と床仕上げの間で行います。排水には所定の排水勾配（＊1、3）を確保できる床の空間が必要です。

2. 上下階の住宅への配慮
集合住宅は、上下階での排水騒音に充分な配慮が必要です。特に、水回りが上下階で異なる場合は、排水騒音の軽減に管への防振や遮音対策が必要です。給水管・給湯管も流水音が発生するので、排水と同様に遮音への配慮が必要です。

3. 隣戸への配慮
排水の音が管の支持材を通じて伝わる場合があります。戸境の壁に管の支持を取る場合は、防振などの措置を考慮しましょう。

4. 排水の温度
排水管の材質は排水温度に耐えうるものにします。食器洗浄機の排水温度（＊2）は高いので、排水管材質を耐熱性とします。

＊1　排水勾配
排水管径を求める方法には、器具給水負荷単位法と定常流量法がある。排水量は勾配により変わる。
勾配の目安として、HASS206 や SHASE（p.49、p.74）がある。

＊2　排水温度
食器洗浄機の排水温度は高いので、耐熱性硬質ポリ塩化ビニル管、排水用の継手として HTDV 継手を用いるのがよい。食洗機向けの専用継手もある。（管の耐熱温度は 90℃。連続常時使用温度は 80〜85℃）

＊3　排水勾配の詳細

下記参考図書で理解を深めよう。

『給排水衛生設備実務パーフェクトマニュアル』
下記参考図書で理解を深めよう。

『第 14 版 空気調和・衛生工学便覧 4 給排水衛生設備編』
給排水全般の注意事項を知るには下記参考図書が便利である。

『給排水設備技術基準・同解説 2006 年版』

（2）九つの給排水設備にまつわる器具の設置方法を次頁より示していきます。

洋式トイレ

キッチンシンク

デスポーザー

洗面化粧台

洗濯機用防水パン
（提供：㈱テクノテック）

サービスシンク

ガス給湯器

増圧給水設備

受水槽

給排水機器設置　洋式トイレ

02 洋式トイレの基本
給水とコンセント

（1）プランに応じてコンセントや給水の取出し位置を決めます。給水・排水の位置は器具の仕様書で確認します。

洋式トイレ・給水と電源コンセント

1．給水口と電源の位置
給水取出しや便座の電源コンセントの位置は、壁や床の構造を検討し、音の伝播防止に留意して決めます。

2．漏電事故
コンセントは、万一給水口から漏水しても事故とならない位置とします。給水口の上部に設置すると水漏れが原因の漏電事故（＊2）を防ぐことができます。

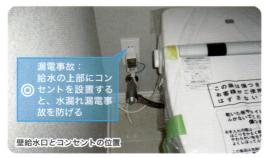

壁給水口とコンセントの位置

3．高感度高速形漏電遮断器
便座への電源コードはプラグ（＊3）だけのものと、高感度高速形（感度電流15mA）漏電遮断器を一体にしている製品があります。状況により安全なものを採用します。

＊1　高感度高速形 ELB
トイレによく採用される高感度のELBには、30mA以下の高感度漏電遮断器を用いる。高感度形には5、10、15、30mAがあり、動作時間により高速形（0.1秒以内）がある。

＊2　漏電事故
大地に電流が流れて、電路以外の部分に電流が漏れる事故。

＊3　プラグ
コードの先端に取付けて、受け口に差し込む部分（器具）をいう。

(2) 器具の排水口と排水立管までの距離で、スラブから床仕上までの空間（高さ）が決まります。

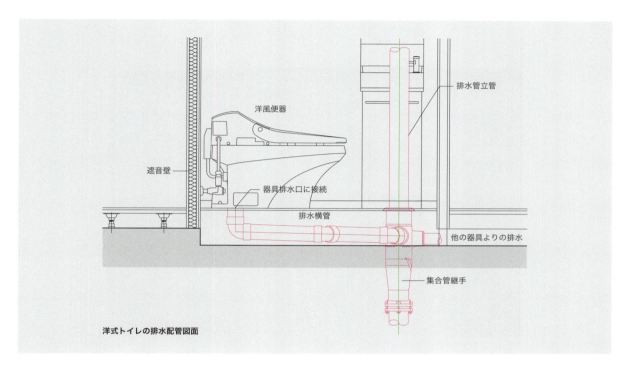

洋式トイレの排水配管図面

1. 排水管の施工
集合住宅の排水配管は、床上配管が一般的です。

2. 便器と排水立管
器具の排水口から排水立管までの距離が長いほど、排水勾配（＊4）からスラブと床仕上げまでの空間が高くなります。

トイレのコンセント・給水・排水管

3. 参考排水勾配
配管距離に対する床空間の最低寸法（＊4）を、排水勾配（＊5）を1/50とした例を図示しました。スラブ表面は水平均一ではありません。配管計画は余裕をもって計画しましょう（＊6）。

＊4 配管距離と床下空間の高さ
配管距離に必要な空間の計算には、管の始発（器具側）寸法、立管の接続口寸法が必要。
始発寸法（床仕上げから管の中心）と接続寸法（スラブから立管接続口中心）に、始発から接続までの距離を勾配で割った数値を加え算出する。継手により接続の寸法が変わるため、表は目安として参考のこと。

配管距離 L(m)に対する高さ H(mm)						
L	1m	2m	3m	4m	5m	6m
H	215	235	255	275	295	315
備考					通気を考慮	

＊注：立管の接続口芯とスラブの距離で、高さの数値は変わる。

＊5 排水横管の勾配
管径65A以下は1/50、75・100Aは1/100と排水横管の最少勾配が示される。
排水管は、衛生器具と排水立管の距離が長いと、上記の勾配が取れず、勾配が小さくなることがある。そのときはルートの再検討、搬送試験などを行い、排水性能上の安全を確認し、施工する。（SHASE－S 209-2009 空気調和・衛生工学会）

＊6 排水設備の詳細
p.46 ＊3の参考図書で理解を深めよう。

給排水機器設置　キッチンシンク

03 キッチンシンクの基本
分岐水栓、掃除口、排水トラップ、オーバーフロー

オーバーフロー管の漏水や掃除口キャップの締め具合に注意し、止水栓や配管接続部の漏水確認が容易にできる配管とします。

1．給水、給湯管
水栓取付けの手前に、保守用の止水栓（＊2）を設置します。食器洗浄機・浄水器を設置する場合、止水栓は分岐付き止水栓とするのがよいでしょう。

2．止水栓での水量調整
シンクの溢れ口を超えて水が溢れないように流量を調整します。

3．排水管に掃除口
掃除口を設けることで、排水管に詰まりが生じた場合の清掃を可能にします。

4．スラブ段差
スラブ段差部分を配管するときは、勾配（p.49 ＊5）の確保に留意して、継手を選定しましょう。

> **＊1　分岐水栓**
> 食洗機などを設置する場合、給水ないし給湯管から分岐し、機器へ接続するために設置をしておくものである。水量の調整、管の分岐、閉止に使用する。
>
> **＊2　止水栓**
> メンテナンスでの閉止、水量の調整を目的として給水管や給湯管と器具の間に設置する水栓をいう。アングル型、ストレート型、ハンドル付きとD式（ハンドルなし）がある。給水メーターの一次側に閉止を目的として付けるものも止水栓という。

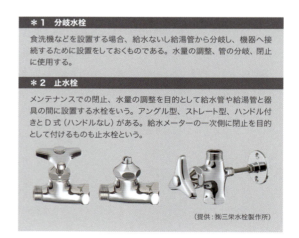

（提供：㈱三栄水栓製作所）

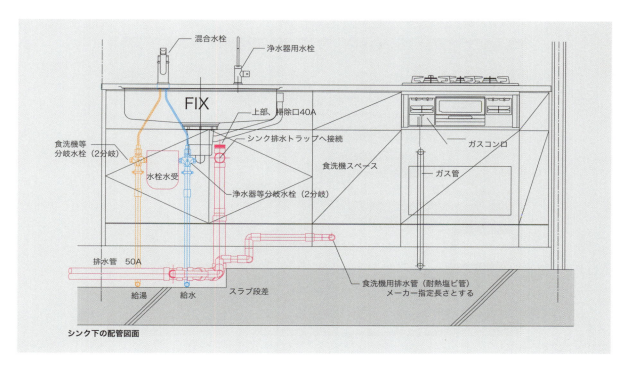

シンク下の配管図面

5. オーバーフロー管のたるみ

オーバーフロー管のたるみに注意し、管のねじ込み部に漏水がないか確認しましょう。台所器具の設置は建築工事の工程ですが、据付け状態にも注意を払いましょう。

6. 水、湯の確認

配管の接続を誤ると水と湯が水栓の操作と逆になります。目視だけでは間違いはわかりません。実際に湯を流して確認しましょう。器具と管の接続は、漏水検知が容易な部分で行います。

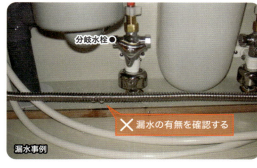

漏水事例

水・湯の別を確認

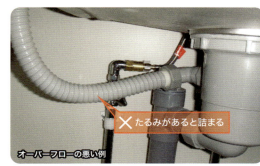

オーバーフローの悪い例

給排水機器設置　デスポーザー

04 デスポーザーの基本
シンク下の納まり例

(1) シンクへ生ゴミ粉砕のデスポーザー（＊1）を取付けるときは、コンセント、浄水器、点検口などの配置に注意します。

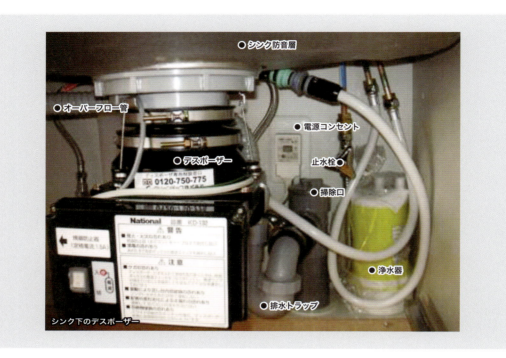

シンク下のデスポーザー

1．デスポーザーの設置
限られた場所に設置するので、維持点検に支障のないようにします。専用の処理設備（＊2）が必要です。

2．電源用コンセント
電源は保守時のプラグ抜き差しが容易にできる位置に設置します。

3．掃除口と排水への配慮
デスポーザーの排水管にも、清掃用として掃除口が必要です。残渣が排水管内に停滞しないように、排水は所定勾配を守ります。
配管は流し台と縁を切って振動を伝えないようにします。

＊1　デスポーザー
台所流しの排水口に設置して野菜くずや魚の骨などの生ごみを砕いて、水とともに排水する生ごみ粉砕機のこと。直接放流すると、公共下水道処理の負荷が増すので、専用の処理設備を経て排水される。

＊2　デスポーザー排水設備
デスポーザで粉砕した生ごみを、排水処理槽で処理してから公共下水道へ放流する排水処理システム。一定の性能基準に適合し、下水道事業者、公的機関が認定したものが設置を許される。

配管の縁切り・点検口

（2）デスポーザーの振動を伝えないように、機器を固定します。

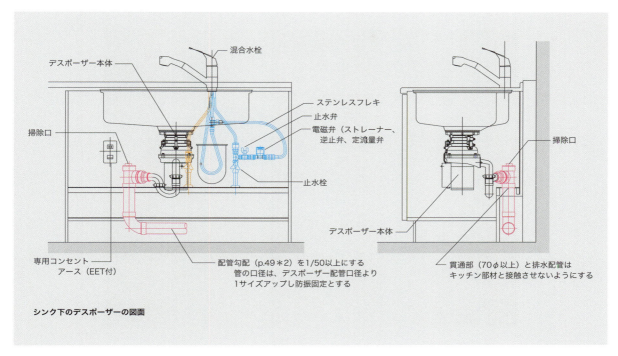

シンク下のデスポーザーの図面

1. 電源コンセント
流し台のシンク下部に設置します。取付けに際し補強が必要なら、事前に打合せをしておきます。

2. デスポーザーの使用方法
運転時に、水の供給を自動で行うタイプ、自動でないタイプがあります。設置条件を理解しておきましょう。

3. 振動防止
デスポーザーの振動が伝播しないように、配管はキッチンのほかの部分に触れないように配慮します。

4. 卵殻への対策
生ごみのなかでも卵殻には注意します。卵殻は粉砕しても堆積しつづけるため、排水管の詰まりの原因になります。共用立管が排水横主管に接続される部分付近で、卵殻除去用の継手の設置も検討しましょう。

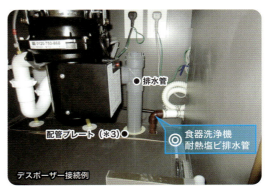

デスポーザー接続例

＊3 配管プレート
シーリングプレートともいう。配管の貫通穴にかぶせ美観を保つ目的で使用される。樹脂性や金属製があり、中央に管を通す穴が開いている。二分割で左右から合わすものもある。

給排水機器設置　洗面化粧台

05 洗面化粧台の基本
器具、配管の漏水確認と水量調整

給水、給湯管と器具の接続を化粧台内部の底板より上で行い、漏水の検知を容易にします。止水栓で水量調整を行い、ボールから水の溢れがないようにします。

1. 洗面器への配管接続
洗面化粧台の給水・給湯・排水配管の接続は、化粧台収納部の底板上部で行うと、漏水を早く発見できます。底板の下部で接続すると気づくのが遅れます。

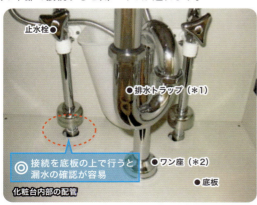

2. 配管の貫通部
配管の貫通部に、シーリングプレート、ワン座などをかぶせ、化粧をします。

3. ヘッダーの配置
洗面化粧台の収納部底板の下部にヘッダーを設置するときは、操作しやすい位置に設置します。

4. 給水、給湯の流量調整
水栓を開いたときに、洗面器の溢水口から水位が上がり溢れることのないように、止水栓で流量を調整しておきます。

＊1　排水トラップ
排水の悪臭を室内への侵入を防ぐ装置、トラップ内に水を溜め、水封することで臭気を遮断する。配管をS字型に曲げたもの（写真例）をSトラップ、壁に水平に向け排水管へ接続するものをPトラップ（サービスシンク p.59 を参照）という。水洗式便器の水たまり部もトラップ。椀トラップはキッチンシンク排水口、排水金物などで用いる。

＊2　ワン座
配管貫通部を塞ぐ部材。配管の接続前に挿入し、接続後に貫通部にかぶせ、貫通孔を隠す。

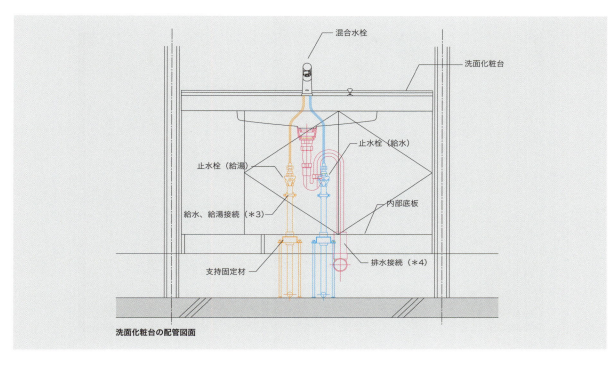

洗面化粧台の配管図面

5. 洗面器への配管接続

通水したのち排水管からの漏水の有無を確認します。接続状況が目視できる位置にあれば、確認が容易です。必要な勾配がとれる床空間を確保しましょう（＊5）。

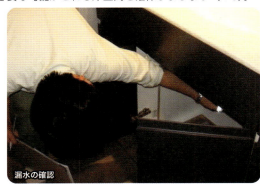

漏水の確認

＊3 配管の接続

サヤ管ヘッダー工法では、たて型水栓ジョイントを用いる。先分岐工法、サヤなしヘッダー工法では、座付きメネジソケットを用い、専用材で固定する。
給水、給湯管の取出し方法はこの他にもあるので、メーカー資料、納まり図を参照するとよい。

座付きメネジソケット
（提供：三井化学産資㈱）

＊4 排水管接続

排水トラップ排水管と塩ビ管との接続継手として排水アダプターがある。塩ビ管を底板から少し上で切断し、排水アダプターを接着し、洗面器トラップ排水管を差し込む。これをアジャストパッキンと締めナットで固定する。透明で接着が確認できる製品もある。

排水アダプター
（提供：ミヤコ㈱）

＊5 配管距離と床空間の高さ

配管距離 L(m)に対する床高さ H(mm)（勾配1/50）					
L	1m	2m	3m	4m	5m	6m
H	144	164	184	204	224	244
備考					通気を考慮	

＊注：立管の接続口芯とスラブの距離で、高さの数値は変わる。

給排水機器設置　洗濯機用防水パン

06 洗濯機用防水パンの基本
防水パンと透明トラップ

（1）洗濯機用防水パンは、排水の接続口が床下に隠れて漏水がわかりにくいので、入念な確認を行います。

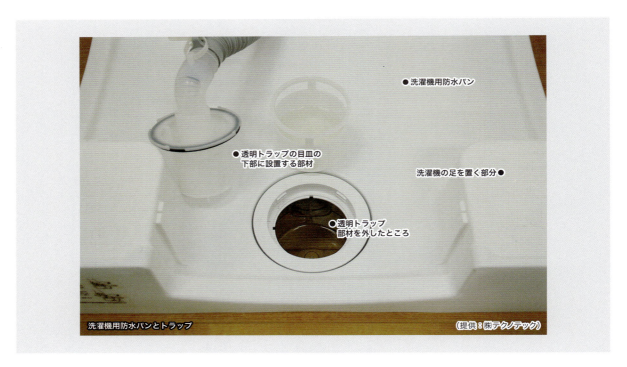

洗濯機用防水パンとトラップ　　　　　　　　　（提供：㈱テクノテック）

1．透明トラップ
洗濯機用防水パンのトラップに透明な製品（＊1）採用すると、トラップやその周囲からの漏水を容易に確認できます。透明トラップは部材を外すと底部よりスラブの状態を見ることができ、スラブが黒ずんでいたなら漏水があります。

2．漏水検査の手順
一昼夜ほどパンに水を張っておきます。その後排水し、トラップよりスラブが濡れていないか覗き見て、漏水の有無を確認します。

3．水張り
トラップの排水口を塞ぎます。その後、トラップ内とパンに水張りし、一定時間起きます。下の写真は管の封鎖に、膨らませたヨーヨーを排水口に押し込んだ例です。

> **＊1　防水パン・透明トラップ**
> 防水パン、透明トラップ、製品の詳細は、㈱テクノテック（www.technotech.co.jp）で参照すると、取付け方法等がよくわかる。（2016年6月現在）

水張り例

(2) 洗濯機用防水パンへの接続方法は、配管で行う方法と、排水フレキを用いる方法があります。

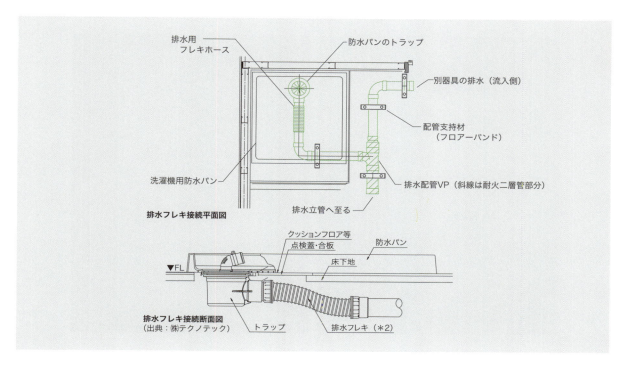

1. 洗濯機用防水パンへの配管接続
配管の接続方法は、実管で行う方法と、排水フレキ（＊2）を用いる方法があります。排水フレキの接続で、バンドで固定する際は、漏水しないよう接続に注意します。

＊2 排水フレキ
洗濯機用防水パン接続用から、便器接続用や機器、配管の接続用など各種ある。ジャバラ構造で自由に曲がるもの、フラットタイプのものがあり、衛生器具の接続以外に、耐震用として配管途中に用いたりする。

2. 管接続の開口
配管は床仕上げの前に行い、防水パンの位置合わせでは、設置部分の床に開口を用意する必要があります。必要な寸法を打合わせましょう。

給排水機器設置　サービスシンク

07 サービスシンクの基本
トラップの掃除口、シンクと水栓の距離

(1) サービスシンクと水栓の距離は、バケツをシンクに入れて給水できる高さとします。

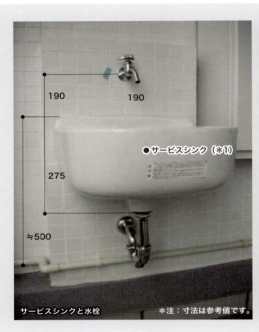

サービスシンクと水栓　　＊注：寸法は参考値です。

シンクのトラップ

1. トラップの掃除口
バルコニーなど外部へのサービスシンクの取付けは、管の清掃に配慮します。掃除口付きトラップとすると、詰まりの掃除ができてよいでしょう。

掃除口付トラップ

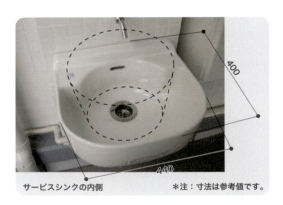

サービスシンクの内側　　＊注：寸法は参考値です。

＊1　サービスシンク
洗面設備のほかに設ける下洗い用の流し、モップなどを洗う掃除流し、洗濯流し、汚物流しなどの総称。

2. 水栓とシンクの距離
小型のバケツをシンク内において、給水栓から水を入れる距離を確保します。記載の寸法は一例です。適宜必要寸法を打合せます。

（2）立管には外気温の変化で起こる伸縮への配慮が必要です。

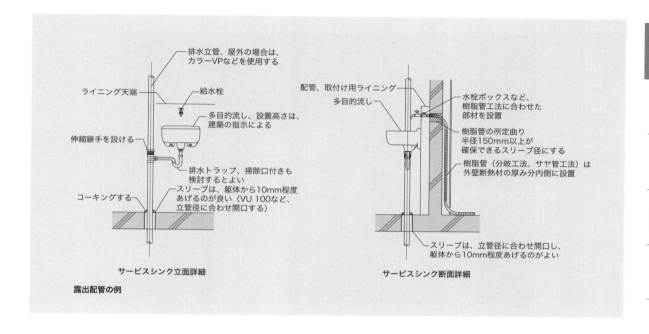

露出配管の例

サービスシンク立面詳細　　サービスシンク断面詳細

1. 排水管の伸縮
露出配管は、外気温度の変化で伸縮します。伸縮を吸収する継手を取付けるとよいでしょう。

2. 排水立管が露出する場合
上図のように排水管を露出でバルコニーを立ち下げる場合は、物が上階から下階への落下しないように、配管貫通部をシールしておきましょう。

3. 内部排水管の場合
排水を室内の排水管へ接続する場合は、排水勾配を確保できる床空間が必要です。

4. 管の更新
給水管、排水管はメンテナンスに配慮し、更新を可能にしましょう。樹脂管の配管は曲げ半径に留意したスリーブを用意します。

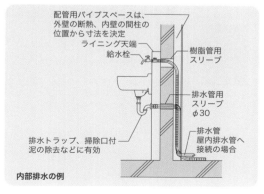

内部排水の例

給排水機器設置　ガス給湯器

08 ガス給湯器の基本（1）
給湯器の設置基準と建築材料との離隔

（1）ガス給湯器の設置は、周囲に可燃物がないかチェックをしましょう。

◎ 熱を出す器具近くの配管材は金属管とするのがよい

可燃物、エアコン冷媒管カバー

ガス機器防火性能評定品として、可燃物からの離隔距離が示されている（排気温度100℃以下の場合）

給湯器と排水配管

1．ガス給湯器
ガス給湯器は可燃物と近接してはいけません。機器仕様の基準に合わせ取付けます（＊3）。

2．ガス給湯器と可燃材
ガス給湯器から側方150mm以内には、可燃性の材料を用いることはできません（＊1）。
ガス機器と建築物との離隔は、仕上げ・下地の別・ガス機器の種類によって距離が異なります。たとえば下の写真のように軒樋が可燃材料の場合は一定距離を離す必要があります。

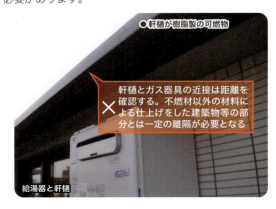

●軒樋が樹脂製の可燃物

× 軒樋とガス器具の近接は距離を確認する。不燃材以外の材料による仕上げをした建築物等の部分とは一定の離隔が必要となる

給湯器と軒樋

3．ガス機器の設置基準
排気口と建物開口（同一壁面の窓等）とは、15cm以上の離隔が必要です。側方壁の開口とは60cm以上離れることなど、防火上の離隔が求められます（＊2）。

＊1　ガス給湯器と離隔
器具種別、排気方向、排気温度により異なるので、「ガス機器の設置基準及び実務指針」やメーカーの取扱説明書で確認が必要。

＊2　ガス給湯器と防火基準
ガス器具には、防火上の離隔距離の基準がある。平成14年消防庁告示第1号に示されているので、詳細を確認してほしい。

＊3　給湯器の詳細
基準の詳細が下記参考図書でわかる。

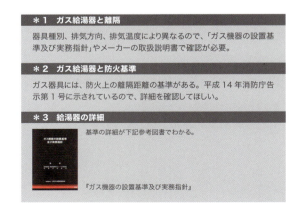

『ガス機器の設置基準及び実務指針』

（2）外部設置の給湯器では、室内側からの給水管・ガス管・給湯管を整理して接続します。

◎ 冷媒管用スリムダクト（＊5）は三方を変成シリコン（＊6）でシールする

◎ 潜熱回収機能（＊4）付には排水管が必要

給湯器の設置例

1．ガス給湯器と潜熱回収
潜熱回収機能を有する潜熱回収型給湯器（＊4）は排水が出ます。
専用の排水管を設備し、排水溝まで配管すると、排水時に器具下部の床を汚さずきれいな状態を保てます。

2．水切り板
壁貫通部分からの漏水侵入を防止するために、塗布防水に加え配管貫通の上部に水切り板をつけると、より効果が増します。

◎ 水切り板（アルミアングル）で内部への浸水を防止できる

水切りの設置例

＊4　潜熱回収型給湯器
排気熱・潜熱回収システムにより、80％が限界だった給湯熱効率を約95％まで向上させた高効率給湯器で省エネルギーの実現でランニングコストを軽減している給湯器。

＊5　スリムダクト
エアコン配管化粧カバーの商品名。樹脂製で一般用、室内用がある。色はアイボリーを含む6色、アルミ製とABS製継手を組み合わせた製品もあり、ビル設備用としての高耐蝕性鋼板、ステンレス鋼板の製品は、多数の配管を収納するもので、上部歩行も可能。

＊6　変成シリコン
「シールをする」とは、隙間を充填材で充填し気密、水密を守ること。変成シリコンは、シール材の一種で、柔軟性を有し、配管やダクト回りの目地に使用される。

給排水機器設置　ガス給湯器

09 ガス給湯器の基本（2）
配管スペースとエアコン室外機近接例

ガス給湯器は、燃焼排ガスの排出に支障のない位置へ設置します。特に、エアコン室外機の近接に注意します。

ガス給湯器と可燃物

1．ガス給湯器の固定
給湯器の設置は、国土交通省告示第1447号（建築設備の構造耐力上安全な構造方法を定める件）（＊1）に適合する固定が必要です。取付けのアンカーボルトにも規定があります（＊2、4）。

2．ガス給湯器の排気口
集合住宅の開放廊下に面して給湯器を設置する場合は、排気吹出し口の高さは、床面180cm程度とします（＊4）。不完全燃焼が起こらない（＊3）ように設置します。

3．ガス給湯器と近接部分
ガス給湯器に近接する部分の仕上げが、不燃材料以外の場合は、排ガス温度、排気方式によって定められた離隔距離（＊4）が必要です。

＊1　国交省告示第1447号
平成12年5月29日建設省告示第1388号、最終改正で同号。建築設備の全般について、機材取付けの安全性の規定を示す。（施行令第129条の2の4）

＊2　給湯設備
給湯設備は、告示第1557号で、風圧・土圧・水圧・地震その他の振動及び衝撃に対して安全上支障のない構造とすることとされ、質量が15kgを超える給湯設備には、地震に対して安全上支障のない構造となるよう、アンカーボルトの設置等が決められている。

＊3　不完全燃焼の防止
ガスの燃焼空気の計算に理論排ガス量がある。これはガス $1m^3$ が、空気（理論空気量）と反応して完全燃焼した場合の燃焼排ガス量で、概ね、ガス消費量1kwにつき約 $0.93m^3$ であるが、実際の燃焼は多くの空気を必要とする。不具合のない設置条件を参考図書で確認しよう。

＊4　給湯器の詳細

排気方法の違いで各種の形態があるので、メーカーカタログや、下記参考図書で確認しよう。

『ガス機器の設置基準及び実務指針』

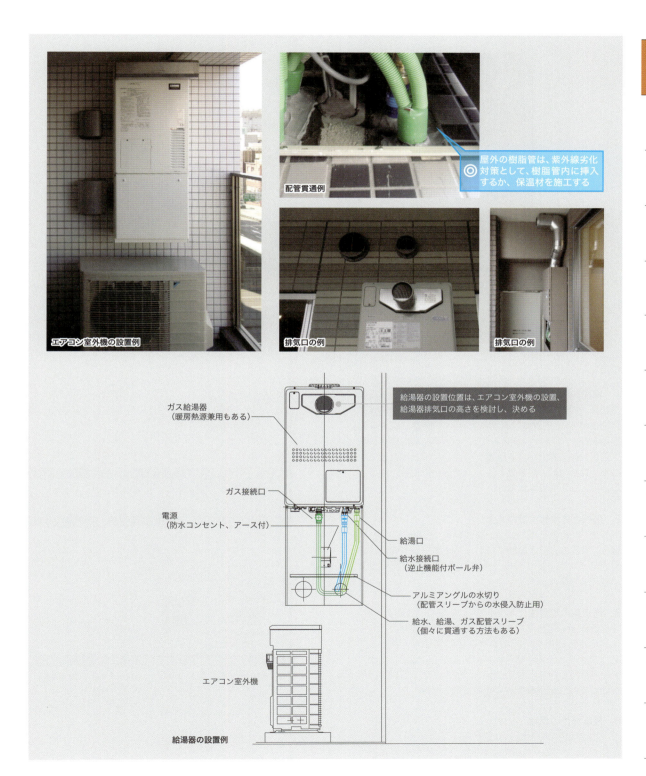

給排水機器設置　増圧給水設備

10 増圧給水設備の基本
増圧ポンプ、設置と配管方法

(1) 増圧給水設備は、ポンプの振動や、流水音が伝播しないように設置します。

増圧給水設備の設置例

1. 増圧給水設備の基礎
運転音、送水時の流水音伝播を防ぐために、基礎を浮床構造とするなどの検討をするとよい。基礎の高さは固定のアンカーボルト埋込みに十分な厚さとします。減圧式逆流防止器（＊1）を設置する場合は排水が必要です。排水に際しては、排水先からの臭気防止に留意しましょう。

2. 防振と流水音伝播の防止
吸込管・吐出管にはフレキシブル継手（p.65、67）を設置し、機器の振動が配管に伝わるのを防止します。吐出側にパイプサイレンサー（＊2）を設置すると、流水音が軽減できます。

3. 送水側の配管径
吐出し流速を遅くすることも、流水騒音の軽減に有効です。給水管口径を増圧ポンプ吐出口径より、2サイズアップすると流速は遅くなり、流水騒音軽減につながります（ただし、増圧給水設備ではポンプ吐出口以降の給水管口径は、水道事業者の規定に従います）。

4. 設置場所の環境
増圧給水設備の制御盤には電子部品が使用されており、湿度が極めて高い場所では動作に不具合が生じる恐れもあります。設置条件（＊3）を確認し、室内換気は5回/h以上を目安に、メーカー基準以下の湿度になるように検討します。

＊1　減圧式逆流防止器
排水が必要で、吐水口空間は装置排水口の2倍以上とし、排水受けをロート状にする(p.65参照)。

＊2　パイプサイレンサー
ポンプから出る圧力脈動を吸収し固体伝播音を低減、フレキ同様に配管を伝わる振動を絶縁する部材。製品によっては、用途が限定される場合がある。

パイプサイレンサー
(提供：倉敷化工㈱)

＊3　増圧給水設備のメーカー設置条件
周囲温度40℃以下、相対湿度85％以下(結露しないこと)、標高1000m以下、腐食性、爆発性ガス、蒸気がないこと(㈱荏原製作所資料より引用)。

（2）増圧直結給水設備は、高層の建築物の使用に制限があるので注意します。機種の形態は、ウォールキャビネットタイプと床置きタイプがあります。

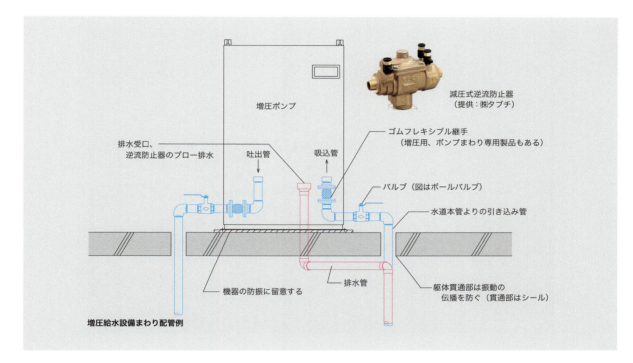

増圧給水設備まわり配管例

1．増圧給水設備の規格
増圧直結給水設備（＊4、7）は、最大吐出圧力を、日本水道協会の規格で、0.75MPaに制限されています。圧力がこれ以上必要な高層建築物への増圧直結給水はできません（＊5、8）。

2．増圧給水設備の配管
吐出管・流入管のバルブを機外に取付けるときは、用途の表示を行い、操作ミスを防ぎます。

3．機器の排水
減圧式逆流防止器のブロー排水（＊6）は、専用の管で排水します。排水するときは臭気防止対策に配慮し、排水の逆流がない排水先（湧水ピットなど）を選びます。

＊4 増圧直結給水方式
受水槽が不要で、増圧給水設備（ポンプ）の設置面積も少ないが、受水槽を置かないので、災害時や給水本管に断水が起こると、給水不能となる。

＊5 高層階対応
東京都水道局はユニットを直列に設置する方式で、高層階への対応も可能としている。

＊6 逆流防止器のブロー排水
受水槽への給水では、吐水口空間を設け、本管側への逆流を防止する。吐水口空間に代わる装置として増圧給水設備では、逆流防止器を用い、逆流発生時に、防止器内中間室の水を逃がす仕組みによって空間をつくり管路を遮断する。

＊7 増圧設備方式の給水量算定
下記参考図書が手引書としてわかりやすい。

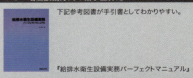

『給排水衛生設備実務パーフェクトマニュアル』

＊8 その他の給水方式
下記参考図書は、給水方式を図示で説明しているのでよくわかる。

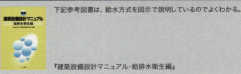

『建築設備設計マニュアル・給排水衛生編』

給排水機器設置　受水槽

11 受水槽の基本
屋外受水槽の例

受水槽は六面（周囲・底部・上部）から点検できるように設置します。

- 受水槽（ステンレスパル組み立て型）（＊6）
- ポンプ室（FRP製）
- オーバーフロー管
- 水槽の底部は設置面から60cm以上とする
- オーバフロー、水抜き管は間接排水とする

受水槽の屋外設置例

1．受水槽まわりの設備

水道本管からの給水管、給水を一定に保つ定水位弁、給水がオーバーした場合の逃し管、清掃時の排水弁、槽を二槽とした場合の連絡管や連絡管の閉止弁、通気管、マンホールが設置されます（＊8）。

2．受水槽設置の規定

受水槽の設置基準として、建築基準法施行令の規定（＊2、6）、建設省（国土交通省）告示（＊3）があります。飲用水の受水槽は有効容量によって、簡易専用水道と定義され、水道法によって、水槽の点検や清掃などの検査義務（＊4）があり、その結果を保健所に報告しなければなりません。

＊1　排水口空間
排水口空間は、排水管の2倍以上で、SHERSE-S 206-2009に最少を150mmとするとある。

＊2　建築基準法施行令
施行令129条2の5の第2項に、建築物に設ける飲料水の配管設備の設置及び構造は、1項によるほか次に定めるところによらなければならない。として一〜六の規定が示されている。

＊3　建設省告示第1597号
建築物に設ける飲料水の配管設備及び排水のための配管設備の構造を定める件。飲料水の配管設備、給水タンク及び貯水タンクについて規定している。（最終改正：国土交通省第243号）

＊4　受水槽の検査
残留塩素の測定など検査項目を、水道法の規定から確認しておこう。検査機関等については、厚生労働省のホームページで確認できる。

- オーバフロー管と間接排水
- 茶コシ型防虫網で管断面積に合致させる。排水口空間は最少を150mmとする（＊1）

間接排水の例

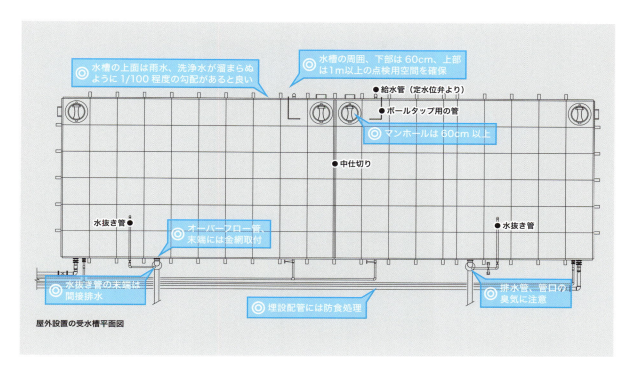

屋外設置の受水槽平面図

3. 受水槽と給水方法（*7）

受水槽より給水する方法としては、ポンプで圧力給水する方式と、屋上などの建物最上部に高置水槽を設け、ここにポンプで揚水し、高置水槽から重力で下階に給水する方法があります。

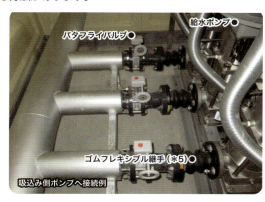

*5 フレキシブル継手

自在に曲がり、変位を吸収する継手。配管の芯合わせ、振動吸収、耐震対策としてポンプまわり、受水槽まわりなどに使用する。建築設備ではステンレス製・ゴム製のものが使用される。用途・場所により多様な製品がある。可とう継手、フレキシブルジョイントともいう。

*6 受水槽の材質

受水槽の材質を、下記参考図書で確認しよう。

『給排水衛生設備計画設計の実務知識』

*7 タンク類の法的基準

下記参考図書の図示がわかりやすい。

『図解 給排水衛生設備の基礎』

*8 受水槽まわりの給水法

下記参考図書に配管関連の詳細解説がある。

『空気調和・給排水衛生設備施工の実務知識』

給排水機器設置　受水槽

12 受水槽の衛生管理
全自動滅菌装置

受水槽には衛生面の配慮が必要です。容量により水道法の規制を受け、届出の義務が生じます。

全自動滅菌装置設置例

1．受水槽と衛生管理
受水槽の容量や設置方法はもとより、水槽の衛生を確保することが義務づけられています（＊1）。

2．全自動滅菌装置
水槽の容量が大きくなると、より衛生面への配慮が求められます。遊離残留塩素の測定・記録、次亜塩素酸ナトリウムを自動注入し管理を行う滅菌装置の設置も検討します。
また、飲用として実容量が 10m³ 以上のものは、簡易専用水道として水道法の規制（p.66 ＊4）を受けるので、適切な管理を行い、検査を受ける義務が生じます。

＊1　受水槽容量と滅菌

下記参考図書に解説がある。

『100万人の給排水衛生設備』

4 排水配管

特殊継手を使用した単管式排水システムの基本から継手の使い方や支持の方法と、排水工事に多く使用される配管材について理解します。配管材によっては区画貫通方法や認定工法が変わりますが、その概要を理解します。

排水配管では管勾配が重要です。屋内排水管の最少勾配の確保と勾配保持の固定方法や排水音の防止策を考えます。

排水の逆流や騒音はクレームのもとになります。排水立管はまっすぐ施工するのが原則ですが、位置がずれる場合（オフセット配管）、騒音への配慮や通気の確保が必要です。排水設備では、通気管や臭突から臭気が漏れるので、臭気対策の方法や臭気を伴う空気と雨水排水が混合するときの処置などの事例を見ます。

排水配管　特殊継手

01 排水用特殊継手と脚部継手
特殊継手排水方式の部材

特殊継手排水方式は、伸頂通気方式の一種で、継手の構造により通気調整と排水を減速させることで別個の通気管を不要とする方式です。

特殊継手と防食テープ / 管口養生 / 防食テープ巻き
階数が多い時は排水管の振動対策も考える

1. 特殊継手排水方式
立管と特殊継手・脚部継手で構成され、各階の排水を特殊継手（複数の接続口をもつ継手）で一つの管に集水する単管式排水（p.73 ＊1）です。立管の最下部には、排水を円滑にするために必ず脚部継手という専用部材が必要になります。

2. 最下部の脚部継手
脚部継手の上部は最下階ですが、ここには特殊継手を設置しません。これは、排水管が詰まったときの逆流事故の予防に最下階を別系統（p.75）とするためですが、最下階も上階系統と同じ立管で排水可能とする継手や排水方法（＊1）もあるので、採用は使用条件や建物の状況を理解し選択します。脚部継手には首長のものがあり、スペース（天井空間など）に応じて適した形を選びますが、通常のものに比べて、芯出しと固定に入念さを要します。

脚部継手 / 脚部継手の施工例

3. 特殊継手と躯体部分
特殊継手は躯体に埋設されます。埋設時の貫通部が腐食しないよう、必ず防食テープを巻きます（＊2、3）。階数が多い場合は、防火区画認定の振動防止テープを使用すると防火・防振の二性能を満たせます。

防火認定遮音材巻き

4. 継手と納まり
特殊継手は複数の排水接続口があります。排水口から特殊継手の接続口まで各々の管の口径に見合う勾配が確保できているか、十分に確認しましょう。

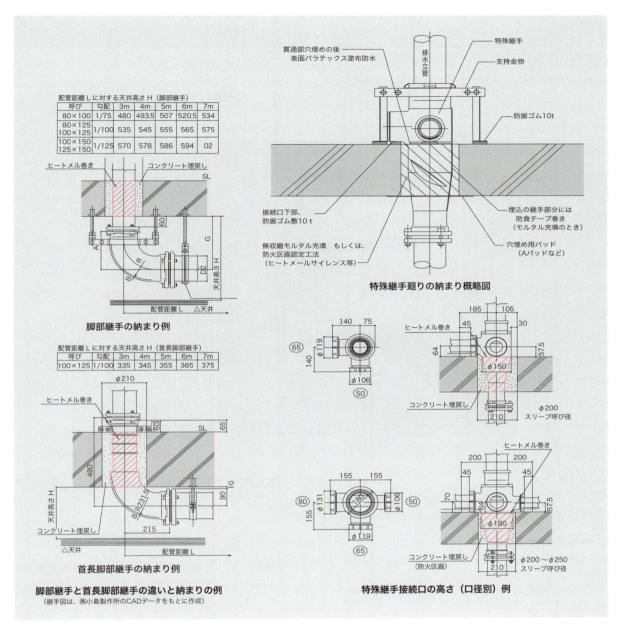

特殊継手廻りの納まり概略図

脚部継手の納まり例

首長脚部継手の納まり例

脚部継手と首長脚部継手の違いと納まりの例
（継手図は、㈱小島製作所のCADデータをもとに作成）

特殊継手接続口の高さ（口径別）例

＊1 最下階排水合流式と脚部継手

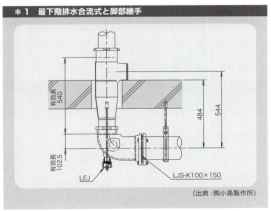

（出典：㈱小島製作所）

＊2 床や壁を貫通する管

耐火構造の床又は壁を貫通する給水管、配電管その他の管の部分及びその周囲の部分の構造方法を定める件（平成62年告示第1900号、平成12年告示第1378号）により、管との隙間が、モルタルその他の不燃材料で埋められていることとある。

＊3 コンクリート埋設管の防食

管外面の防食は、下記参考図書で知識を得よう。

『空気調和・給排水衛生設備施工の実務知識』

排水配管　特殊継手

02 特殊継手の設置方法
支持方法、管の接続、掃除口

特殊継手の固定は、防振対策を行った支持部材を使用します。

特殊継手と接続例

- 伸頂通気管（耐火二層管）
- 掃除口は3層おきに設置する（品確法）（*1、4）
- 排水用塩化ビニルライニング鋼管
- 耐火二層管 トイレ以外の系統
- フロアーバンドで勾配を調整
- 特殊継手専用支持金物
- 特殊継手
- 防振ゴム
- 防振ゴムで振動を防止
- 耐火二層管（*2）トイレ系統
- 塗布防水で下階への漏水を防ぐ
- フロアーバンドで勾配を調整

1. 排水音の伝播防止
特殊継手からの非水音の伝播を防ぐには、専用の防振支持金物を用います。

2. 特殊継手の貫通部分
無収縮モルタルなどを充填、または、認定工法で床貫通部を防火区画とします。防火区画認定工法の部材には貫通部分の振動・騒音防止を兼ねたものもあります。

3. 特殊継手周囲の防水
貫通部を無収縮モルタルで充填し、塗布防水を施せば、漏水事故の下階への影響をより抑えることができます。わずかに管周囲を盛り上げて塗布を行うと、立管周囲に勾配がつき、より効果的です。

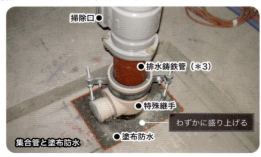

集合管と塗布防水
- 掃除口
- 排水鋳鉄管（*3）
- 特殊継手
- わずかに盛り上げる
- 塗布防水

＊1　品確法と掃除口
品確法とは「住宅の品質確保の促進等に関する法律」の略称で、消費者が安心して住宅を取得できるよう図る法律。「住宅性能表示基準」が定められ、等級で表示される。共用排水立管にあっては、「等級3」で、最上階・屋上・最下階・3階おきの中間階または15m以内ごとに、掃除口を設けるように定めている。

＊2　耐火二層管
硬質塩化ビニル管を内管、繊維混入セメントモルタルを外管とする排水用の管。耐火試験に合格し国土交通大臣認定、日本消防設備安全センター性能評定を取得したものは、防火区画貫通工法として認定される。メーカーは、昭和電工建材、フネンアクロス、エーアンドマテリアルなどがあり、耐火二層管協会のホームページ（www.fdpa.jp）には各種資料が案内されている。

＊3　排水鋳鉄管
普通鋳鉄（ねずみ鋳鉄）の排水、自然流下式の汚水・雑排水・雨水および通気の配管に使用する管。メカニカル形と差込み形があり、JIS規格に準ずる。なお、水道用としてはダクタイル鋳鉄管がある。

＊4　特殊継手
特殊継手は複数のメーカーより8種類ほどつくられている。

排水配管　耐火二層管

03 耐火二層管と立管排水
トイレとその他排水の接続方法

排水管に耐火二層管を使用する場合は、立管貫通部から1m以上の横管も耐火二層管とし、防火区画貫通の認定基準（＊2）に準じます。

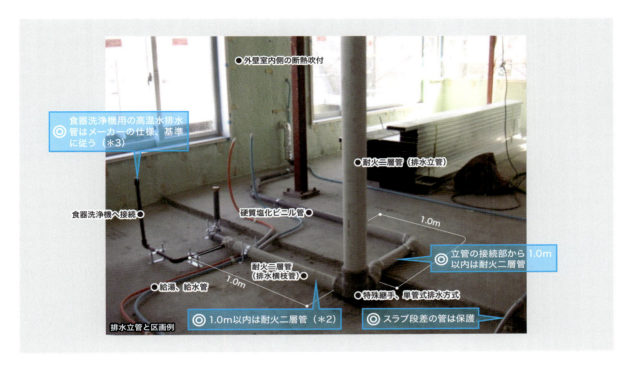

排水立管と区画例

- 食器洗浄機用の高温水排水管はメーカーの仕様、基準に従う（＊3）
- 外壁室内側の断熱吹付
- 食器洗浄機へ接続
- 硬質塩化ビニル管
- 耐火二層管（排水立管）
- 給湯、給水管
- 耐火二層管（排水横枝管）
- 特殊継手、単管式排水方式
- 立管の接続部から1.0m以内は耐火二層管
- 1.0m以内は耐火二層管（＊2）
- スラブ段差の管は保護

1. トイレ排水と台所排水

特殊継手を使用しての単管式排水（＊1）は、トイレの汚水と雑排水を同じ立管で排水しますが、汚水と台所排水には制約があります。汚水と台所排水を対向して接続すると、台所側の管に汚水流入の恐れがあります。接続を90°変えるか、メーカーの使用条件に従います。

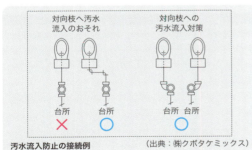

汚水流入防止の接続例　（出典：㈱クボタケミックス）

2. 立管材質と防火区画

立管に使用する管材には、排水鋳鉄管・排水用塩化ビニルライニング鋼管・耐火二層管・耐火VP管などがあります。
住戸排水（床ころがし配管）の材質と、立管材質の組み合せで防火区画形成方法が異なるので、認定基準（＊4、5）を確認しておきます。

＊1　単管式排水方式
立管を伸頂して大気に開放する以外に通気管を設けず、排水立管1本だけの排水方法、特殊継手排水方式と小規模の排水立管に採用される。

＊2　防火区画貫通の認定基準
貫通する部分からそれぞれ両側に1.0m以内にある部分を不燃材料で造ること（施行令第129条の2の5第1項第7号）。平成12年建告第1422号（構造区分による管の外径）平成5年建告第1426号（隙間がモルタル等の不燃材料で埋められていること）。

＊3　高温水排水管
硬質ポリ塩化ビニル管（VP管・VU管）の最高使用温度は60℃だが、耐熱性ポリ塩化ビニル管（HTパイプ）は90℃まで可能。排水用の使用はDV継手を、HT管は住宅用では食器洗浄機排水、電気温水器排水管に使う。給湯冷暖房管、温泉引湯管としてのHT管利用では、使用温度により最高使用圧力が変わる。

＊4　防火区画認定
新しい防火区画認定工法として、カンペイ君、カンペイ立て管がある（排水集合管と延焼防止部品をセットした受け口付直管（塩ビ管）を組み合せて使用）。詳しくは、㈱クボタケミックス（www.kubota-chemix.co.jp）を参照。（2016年8月現在）

＊5　区画貫通

下記参考図書に詳細が示されている。
『建築設備設計・施工上の運用指針 2013年版』

下記参考図書に詳細が示されている。
『給排水設備技術基準・同解説 2006年版』

排水配管　排水勾配

04 排水管の勾配確認
確認方法、品質管理

排水配管の施工では、配管終了後に必ず勾配の確認を行います。

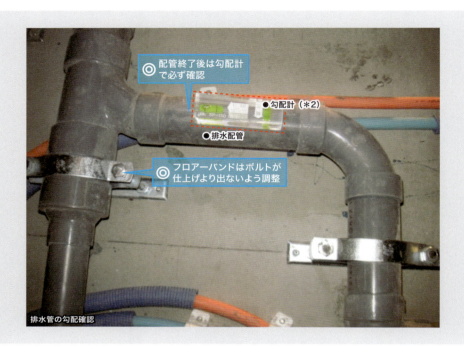

排水管の勾配確認

1．排水音の支持
所定の排水勾配（＊1）を確保するために、床用配管支持材のフロアーバンドなど、支持金物で固定します。

2．排水勾配の確認
配管が終了したら、勾配計（＊2）で必ず排水勾配の確認を行います。

3．勾配の確認の表示
勾配を確認し、適正であればこれを明示し、次の工程に移行できることを知らせます。

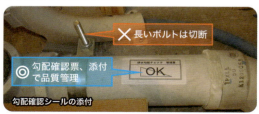

勾配確認シールの添付

4．排水管の勾配
最近では排水管の勾配が、右表の1982年のHASS（＊3）に比べ緩くなっていますが、机上で勾配を最少に設定すると、躯体打設の精度で確保できない場合も生じます。誤差を見込んで計算しましょう。

排水管の標準勾配、最小勾配

配水管管径（mm）	標準勾配	最小勾配
30～65	1/25～1/50	1/50
75		1/100
100	1/50～1/100	
125		1/150
150		1/200
200以上	最小流速 0.6m/s を保つようにする	

（出典：空気調和・衛生工学会規格　HASS 206-1982）

＊1　排水勾配
排水勾配は、最少勾配が示されているが、排水管口径の決定は配管状況を理解して支障のない勾配を決める。たとえば、住宅の洋式トイレの排水は口径75Aだが、スラブの施工精度も考慮して勾配は1/50～1/75が望ましい。

屋内横走管の勾配

配水管管径（mm）	最小勾配
65以下	1/50
75	1/100
100	1/100
125	1/150
150以上	1/200

（出典：公共建築工事標準仕様書（建築設備編））

＊2　勾配計
簡易的な勾配計（水準器）やデジタル式がある。

＊3　SHASE（HASS）
㈳空気調和・衛生工学会規格名称で以前は「HASS」の名称だったが、2003年より「SHASE」変更され、HASS規格は、SHASE-S規格の名称となった。（工学会ホームページ（www.shasej.org）より引用、2016年6月現在）

排水配管　単独系統

05 最下階排水は単独系統
管種と防火区画、最下階用集合管継手

最下階の排水を単独系統にすると、排水詰まりで起こる排水の逆流、室内への溢れ事故を軽減できます。

最下階の単独配管例
- 電気ボックス（樹脂製）
- 台所シンクの排水
- 食器洗浄機排水　耐熱塩化ビニル管
- 給湯接続位置
- 給水接続位置
- 電気ケーブル保護のCD管
- ◎ 排水勾配の確認票を添付し品質管理
- 耐火二層管
- ◎ 単独配管の最下階排水

1. 最下階の排水は単独系統（＊1）
最下階は、管が詰まる事故が起こると、最初に排水が逆流して溢れます。排水主管の下流部分に詰まりが発生すると、一番低い箇所に上階からの排水が逆流して、低層階で溢れることになります。これを防止するには最下階の排水を別に配管し、単独系統にする必要があります。ただし、デスポーザー使用の台所排水では、管が長いと詰まりの原因ともなるので注意します。

2. 防火区画と認定工法
耐火二層管を使用して防火区画を貫通する場合は、所定の認定工法（＊2）で施工します。認定はメーカーにより異なるので、メーカーごとの認定工法を理解しておく必要があります。

3. 最下階排水合流式と専用集合管
最下階の排水を上階部分の立管と同じ管へ排水可能とする、最下階専用特殊仕様集合管や合流排水方式の使用に際しては、建物形態や排水方法と状況を検討し、メーカーの使用基準（＊3）を守りましょう。

＊1　最下階の単独系統
最下階の排水横枝管は、単独で桝まで配管するか、排水立管から十分に距離を確保して合流させる。
排水時に大きな正圧を生じるため、排水横枝管を立管に接続すると、トラップ封水の跳ね出し、破封の危険がある。（＊4 参考図書）

＊2　防火区画と大臣認定
認定条件通りに施工しないと、大臣認定工法として認められない。大臣認定の条件は工法ごとに異なるので、使用する配管のメーカーを混在させると、認定工法にならない事態が生じる。

＊3　最下階専用集合管と合流排水方法
メーカーにより方式や呼称が異なる。
泡については注意が必要で、入浴剤の泡立ちがあるものは使用を制限される。

＊4　最下階の単独排水について
下記参考図書に詳しい。

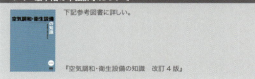

『空気調和・衛生設備の知識　改訂4版』

排水配管　パイプスペース

06 排水立管とパイプスペース
正しい納め方、品質管理

パイプスペースでは、電気配線や立管の垂直、周囲の防水状況、防露や遮音の状況を確認します。

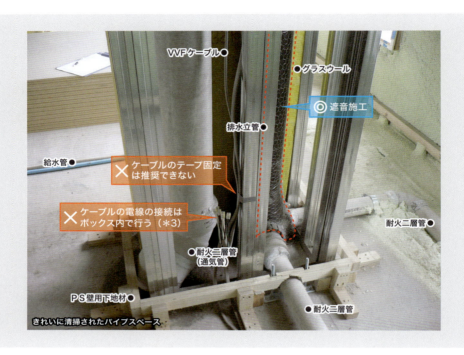

1. 排水立管は曲げない
排水立管は垂直に施工し、曲げてはいけません。やむをえず排水立管を曲げる場合は、オフセット配管（＊1、4）の規定に従います。

2. パイプスペース内の清掃
パイプスペースを塞ぐ前に、かならず清掃を必ず行いましょう。清掃がよくされている現場は、施工状況もよく、品質管理もしっかりでき、施工の品質（＊2）が確実に向上します。

＊1　オフセット配管
管を最初の基準点からずらした位置へ移動した配管のことで、排水立管をずらした場合オフセット配管という。管の移動が大きい場合は、逃がし通気管が必要になる。オフセットしても立管は直管として扱われる。

＊2　清掃と施工品質
現場内の清掃状況がよい現場は、施工状況もよく、施工の品質は清掃をすることで確実に向上する。

＊3　ケーブルの接続
ケーブル相互の接続は、キャビネット、アウトレットボックス又はジョイントボックスの内部などで行う。又は適当な接続例外規定があるので、「内線規程」の「資料3-1-3」を確認するとよい。

＊4　オフセットと通気
下記参考図書で理解しよう。

『建築設備設計マニュアル・給排水設備編』

排水配管　防音・遮音

07 配管更新への配慮
床ころがし配管のトラブル事例

更新が容易にできる配管施工が大切で、配管を埋め殺してはいけません。

1. 配管の埋没
配管の埋没は更新に支障をきたし、伸縮への対応、状況の確認ができません。品格法に従う施工では、取得等級の配管方法に適しているか確認します。

2. 建築の仕上げと配管
上の写真は、スラブの上に仕上の下地であるモルタルが施工されている例です。ここに埋め込まれた排水管や給水管、給湯管は熱収縮による破損が懸念されます。また管の更新も不可能です。配管ルートの計画は建築上の条件も考慮して決めます。

排水配管　防音・遮音

08 排水騒音の伝播防止
戸境壁と騒音伝播防止

管の支持は給水・給湯・排水の振動や騒音を伝えないように、支持箇所の絶縁・防振に留意します。

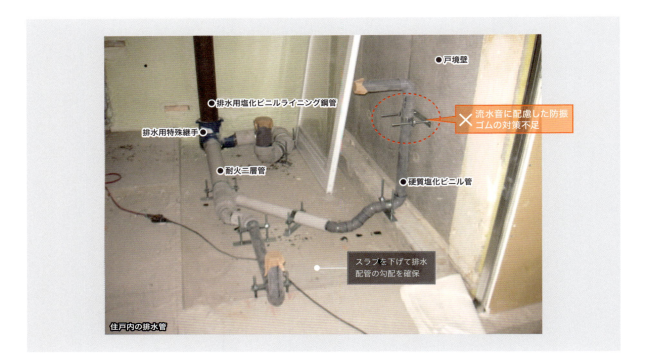

1. 住戸間の壁
配管類を住戸間の壁（戸境壁）に、直接支持すると、流水音が壁を伝わり、隣戸への騒音（＊1）の原因となります。管を固定する場合には、音の絶縁を考慮します。

2. 支持材への配慮（防振・遮音）
支持する場所が戸境壁しかない場合は、管の支持箇所に防振ゴムを用いて、騒音の伝播を防ぎます。

3. 配管施工の留意事項
集合住宅では、水まわりの天井高さを低く設定し、かつその部分の床スラブを下げることで排水配管を行います。下階も用途が同じなので、排水音など問題にされないことがほとんどですが、隣戸の部屋が水まわり以外なると、接する梁や壁は、固定方法次第では音が伝わってしまいます。写真例では、戸境壁と梁の部分の配管支持に遮音対策が必要です。この後、施工される給水・給湯配管にも同様の配慮が必要です。

＊1　隣戸への騒音
隣戸へ騒音を伝えないために、戸境壁には配管を直に支持しないこと。防振に留意しないと排水音が伝播する恐れがあります。

排水配管　防音・遮音

09 排水立管の遮音
立管流水音の遮音

居室に接する排水立管は、流水音が聞こえないよう遮音します。

遮音施工終了の排水管
排水管
配管固定の形鋼
オフセットの施工は騒音の原因になるので、できる限り排水配管はまっすぐに施工する。
遮音シート巻きの排水管

1. 排水立管、集合管に遮音

排水音対策には、音が室内に漏れないよう、立管と継手にグラスウールなどを巻き、さらに配管用シート状遮音材を重ねる方法が有効です（＊2）。

遮音シート施工前（グラスウール部分）
遮音シート巻き前の排水管

2. 伸頂通気管と遮音

伸頂通気管（＊1）の場合は排水が流れないので、排水管から伸頂通気に変わる手前約1mあたりまで、反響音防止で保温材を巻くとよいでしょう。ただし、伸頂通気管の材質が金属の場合は、結露対策として断熱材を巻くのがよく、耐火二層管では、外側の石綿管部分に防露効果があるので、防露材は不要です。

3. 配管のオフセット

配管のオフセット（p.76）箇所は騒音が発生しやすいので、入念な遮音施工を行います。

> **＊1　伸頂通気管**
> 排水立管を最上部で大気に開放して、排水立管に通気立管の働きをもたせる。立管に近接して器具が設けられる集合住宅、小規模建築に用いる。頂部の通気口から臭気が漏れる場合もあり、開放場所の検討が必要。
>
> **＊2　排水立管の詳細**
> 下記参考図書に詳しい。
>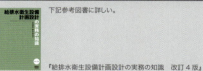
> 『給排水衛生設備計画設計の実務の知識　改訂4版』

排水配管　防音・遮音

10 階で用途が異なるときの排水管
部屋の用途が異なる場合は遮音する

上階が水まわりで下階が違う場合には、排水横管に遮音を行い、下階への排水音伝播を防ぎます。

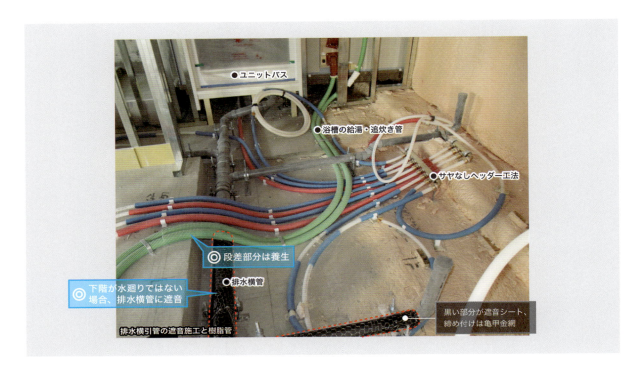

排水横引管の遮音施工と樹脂管

1. 排水横管の遮音

集合住宅の上下階の住戸で水まわりの配置が異なると、排水音のクレームが発生しやすくなります。対策には上階住戸内の排水横引管への遮音施工（＊1）が有効です。

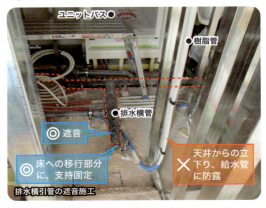

排水横引管の遮音施工

＊1　排水管の遮音施工

遮音には、防露保温材と遮音シートを使用する方法と、遮音されている管を使用する方法がある。遮音シートは用途、場所に合ったものを使用する。

＊2　エルボ

L型の継手で、排水用として90°エルボがあり、90°には大曲りがある。角度の異なる管を合流させ、接続する継手。塩ビ製で透明の製品もある。

（提供：前澤化成工業㈱）

写真は排水用だが、排水以外に給水・給湯用の製品もあり、材質も豊富。

2. 勾配確保とエルボ（＊2）

写真の上の方をみると、ユニットバスの排水配管にL型の継手（90°エルボ）2個によって配管されています。エルボ継手は配管勾配の調整に便利で、ヘッダー近くに目を向けると45°エルボで勾配を調整しています。

排水配管　防音・遮音

11 脚部継手と横管の防振
脚部継手以降の配管、排水のジャンピング現象

脚部継手以降の横管 1m 付近は振動（＊1）が起きます。抑制のため横管支持は防振吊りとします。

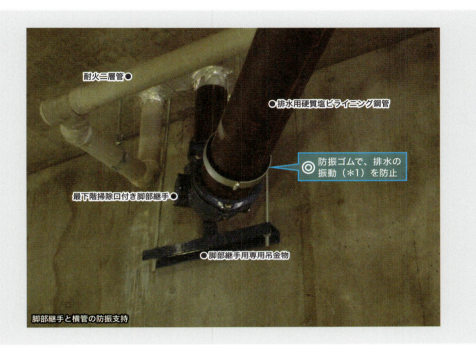

脚部継手と横管の防振支持

1．脚部継手から 2m 以内は直線配管

集合管排水方式では、最下部に必ず脚部継手（p.70）を使用します。
脚部継手から 2m 以上直管の場合は、横管口径を立管の 1 サイズアップとし、2m 以内に曲りがある場合は、2 サイズアップとします。

防振支持がない場合の天井見上げ

2．脚部継手の支持

脚部継手の支持は専用の部材も用意されています。建築の納まりに最適な支持方法を選びましょう。

3．脚部継手、横主管の防振

脚部継手以降、3m（＊2）までの横引き配管は、防振吊りが望ましいです。
防振吊りを行うことで、音と振動（＊1）の躯体伝播を防ぐことができます。防振吊りの部位、程度は状況により調整します。
支持金物は、ピット内など湿気のある場所はステンレス製を用いて腐食対策をすると長持ちします。

> **＊1　排水管の振動**
> 排水が立管から横管へ流れるとき、横管の 1m 付近で跳水（ジャンピング）が起こり、これが管の振動の原因となる。
>
> **＊2　配管に防振を行う距離**
> おおむね、横管の立管以降 3m 付近までを防振すれば支障はないようであるが、支持をする部位や建築用途の状況に合わせて、防振支持を行う距離は支障ないように検討すべき。

排水配管　防音・遮音

12 共用部排水管の遮音
共用部の配管にも遮音

ロビーやホールなどの共用部分の天井配管も、流水音が聞こえないよう遮音を行います。

- 共用部に露出する排水管は遮音
- グラスウール板（駐車場騒音の防止）
- 駐車場消火設備配管
- 機械式駐車設備

駐車場（共用部）の遮音施工例

1．共用部の配管遮音
共用部分も、排水横走管に遮音（＊1）を行い、不快な排水音が漏れ聞こえるのを防ぎます。上の写真のように、遮音は保温材の上に、配管用の遮音シート（＊2）を巻きます。

2．対象となる部屋
エントランスやロビー、共用廊下の天井部は、排水管の流水音に限らず給水主管の流水音についても遮音への留意が必要です。駐車場、駐輪場、ゴミ置き場、集会室の天井配管についても、同様に留意するとよいでしょう。また、遮音だけでなく流水時の振動を伝えないよう防振もあわせて計画します。

＊1 排水管の遮音
遮音の方法として、管材に防露保温材を巻き、さらに遮音用のシートを巻きつけ亀甲金網等で結束する方法や、配管材の外面に遮音材がすでに施工されているもので行うなどの方法がある。
遮音シートの施工は、必ずシートを重ね合わせて、かつ重ねた部分を仮止めし、隙間のないように締め付ける。

＊2 遮音シート
音を遮る効果があるシートで、塩ビ系の材料に金属粉などが高密度に配合された軟質シートである。単体での遮音でなく吸音材との併用で使用される。
壁天井防音用、空調ダクト用、排水騒音防止用など施工種別ごとに開発された製品もある。ダクト用には振動を抑制できる製品もあるようだ。

排水配管　臭気防止

13 汚水槽通気の臭気防止
配管部材で臭気防止

汚水槽の通気管、デスポーザー処理槽の臭突装置は屋上中央に設置するなど、居住部の開口部から離します。

- 伸頂通気管
- 硬質塩化ビニル管（臭突）
- 汚水槽の通気管の臭気漏れ防止に、排水用の逆止弁を利用した例
- 圧力で、この部分（蓋）が開閉し、臭気流出を防止
- 支持金物

逆止弁を利用した臭気漏れ防止

1. 汚水槽の通気管
ポンプ排水時は槽内が負圧になり、臭気が通気管から漏れることはありませんが、排出が終わり次の起動水位に到達するまでの間、状況によっては、臭気が通気管より外部に漏れる場合があります。

2. 通気管は、建物の最上部（屋上）まで配管
汚水槽の通気管を1階などの地上階部分に開放すると、悪臭から苦情が出ます。通気管は建物の屋上まで配管し、屋上の中央部で開放（＊1）するのが、臭気対策として有効です。

3. 逆止ダンパー
上の写真はポンプ停止時に起こりやすい、汚水槽の臭気漏れ対策の一つを示すものです。別の方法として、ダクトで使用する逆止ダンパー（バランサー付き）の取付けも考えられます。

＊1　通気の開放場所
臭気の停滞を防ぐために、パラペットのアゴより高い位置に開放するなどの配慮をするとよい。

排水配管　臭気防止

14 通気管の開放部
伸頂通気の位置、掃除口に兼用

排水立管の最上部は、通気管として外部に開放します。臭気も出るので、立ち上げは居住場所との近接を避けます。

防水継手と通気口（伸頂通気最上部）

1．屋上に伸頂通気を設置する場合

① 通気管（＊1）の最上部
掃除口として兼用でき、容易に開閉ができるものが望ましいです。劣化しない製品、管の掃除口として清掃時に容易な扱いができるものを選びます。

② バルコニーと伸頂通気口
伸頂通気の開放（＊1）は、屋上の開放が多いが、屋上までの配管が難しいときや、居住部分に隣接する場合は、臭気対策として通気弁（＊2）の設置を検討します。

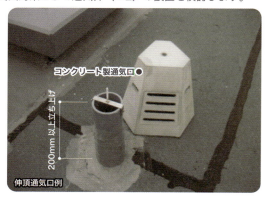

伸頂通気口例

③ 通気管と雨樋
タテ樋（雨）に通気管の接続はできません。伸頂通気を合流して、その合流管に通気弁を取付けることはできません（＊3）。

＊1　通気管
排水設備において排水トラップの封水を破壊することなく円滑に排水できるよう、排水配管を大気中に開放させる管をいう。伸頂通気とは、排水立管の最上部を延長して大気に開放させるもの。

＊2　通気弁
ドルゴ通気弁が知られている。通気性能を有し、かつ臭気の漏れない構造の通気弁は屋内の使用も可能だが、通常は屋外設置で使用する。

＊3　通気管の合流と通気弁
合流した通気管に通気弁を取付け使用することは、性能が保証できないとメーカーが禁止している。

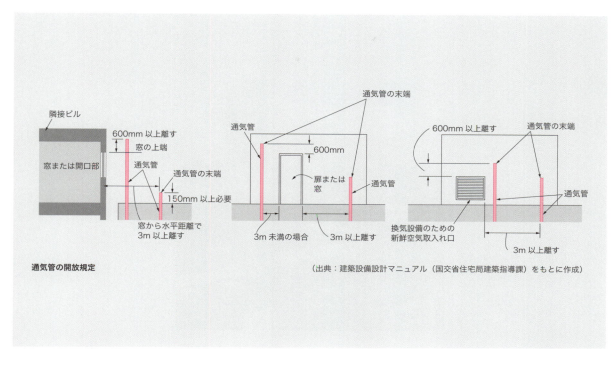

通気管の開放規定

(出典:建築設備設計マニュアル(国交省住宅局建築指導課)をもとに作成)

2. 居住部と隣接する場合

① 開口部近くの通気口

開口部から離隔距離が確保できても、通気管は見えないほうがよいでしょう(＊4、6)。伸頂通気管のベントキャップからは、臭気が漏れることがあり風向きによる影響も考えて通気弁などの使用を検討すべきです。関係法令(＊5)もチェックしておきましょう。

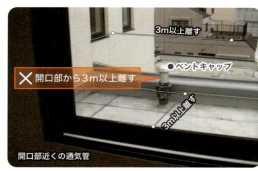

開口部近くの通気管

通気弁のカバー例

＊4 通気管の開放場所

直接外気に衛生上有効に開放すること(S50年建告1597号、排水槽の通気)、出入口、窓、開口部より60cm以上立ち上げる。60cm立ち上げられない場合は水平に3m以上離す(隣地の建物開口部へも適用する)。

＊5 関係法令(抜粋)

(施行令129条の2の5第3項五)建築物に設ける排水のための配管設備の設置は安全上及び衛生上支障のないのとして国土交通大臣が定めた構造方法を用いるものであること。

＊6 通気の位置

下記参考図書に規定が図示されている。

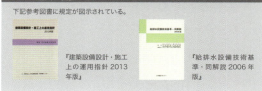

『建築設備設計・施工上の運用指針2013年版』　『給排水設備技術基準・同解説2006年版』

② 伸頂通気管を見せない工夫

右の写真は伸頂通気管に取付けの通気弁を隠した例です。左はステンレス製のパンチングメタルの箱、右はステンレス管を加工したカバーです。

排水配管　臭気防止

15 分散排気で臭気低減
天空吹出しなどの工夫

デスポーザー排水設備（＊1）の排気ファンは、ダクトを天空へ開放し、臭気を分散させると悪臭が低減します。天空へ開放するダクトでは、雨水排出を考えておきます。

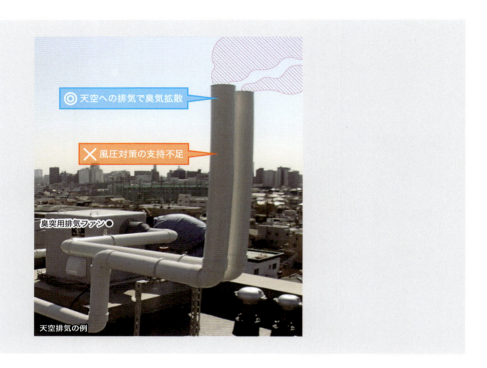

天空排気の例

◎ 天空への排気で臭気拡散
✕ 風圧対策の支持不足
臭突用排気ファン◯

1．排気ダクトの天空吹出

臭気のある排気は、天空に吹出させることで、臭気を均等に拡散することができます。

2．雨水の排出

天空へのダクト吹出し（＊2）では、ダクト経路のどこかで雨を抜く措置をします。
臭気を伴う排気（＊3）は、雨水と混ざると臭気を移すので、排出水は雨水立樋ではなく、別に排水管で排水します。

3．建物の最上部（屋上）の通気管は、風向きに配慮

一方向だけに臭気が常に流れないよう、集気拡散の方法を検討します。

＊1　デスポーザー排水設備
p.52 ＊2 を参照。

＊2　天空への排気
吹出し風速を、3m/sec 付近とすると集気の拡散に有効。

＊3　デスポーザー排水設備の内部
内部に空気を送り、爆気処理を行うため排気には臭気が出る。

5 ピット・排水槽・桝

集合住宅の最下部の地下ピットは配管が集中する部位です。排水横主管や給水管・ガス管・ケーブル・弱電類の配管・その他数多くの配管類に加え、地下ピット内湧水の排水ポンプ、地下部分に住居があれば、汚水や雑排水を排水するポンプが設置されます。

ピット内の配管では、支持固定の間隔や掃除口の設置基準を理解し、ポンプでは設置スペースや釜場の深さがポンプの仕様や排水の種類で異なることを理解します。

汚水の腐敗防止は汚水を速やかに残さず排水することで予防します。円滑な排水を可能にする機材である予旋回槽の施工事例と、予旋回槽と同様な効果が期待できるベルマウス付きポンプの設置例を見ます。

雨水槽では、オリフィスやゴミ除けスクリーンや越流堰による雨水の排出方法、降雨量による配管口径の決め方を考えます。

雨水をポンプ排水するときは、自然流下で排水する管との接続、雨水を貯留するときは、槽の臭気や虫の発生に対する配慮が必要です。桝類の設置は沈下や流入物による排水障害の防止策を、また雨水を浸透させる場合の豪雨対策も検討します。

ピット・排水槽・桝 ピット内配管

01 ピット内の排水横主管
固定と伸縮継手

排水の温度変化による排水管の伸縮には、伸縮継手を挿入し対応します。

伸縮継手と振れ止め

1. 排水管の固定間隔（＊1）
支持間隔は、配管材質と管の口径により異なります。直管部分が長い場合は、管に振れ止めを設置します。

2. 管の伸縮
排水配管は排水の温度により伸縮するので、吸収のために伸縮継手（＊2）を設置します。

3. 掃除口
排水配管には15m以内に1カ所程度の掃除口（＊3）を設置し、管内の洗浄を可能にします。高圧洗浄では、上流側への洗浄も可能な継手を掃除口を設置します。

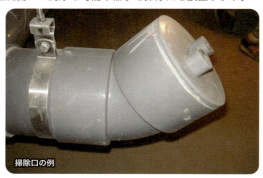

掃除口の例

横主管へ取付けの掃除口

＊1 排水管の支持間隔

分類	呼び径	20	25	32	40	50	65	80	100	125	150	200	250	300
吊り金物	鋼管・ステンレス管	2.0m 以下							3.0m 以下				
	VP・耐火二層管	1.0m 以下							2.0m 以下				
形鋼振れ止め	鋼管・ステンレス管	—						8.0m 以下			12m 以下			
	VP・耐火二層管	—	6.0m 以下						8.0m 以下		12m 以下		

（出典：公共建築工事標準仕様書（建築設備編））

＊2 排水用伸縮継手
塩ビ管の熱伸縮による、管の破壊を防ぐために設置。硬質ポ塩化ビニ管の線膨張係数は、鋼管の約6倍で、温度変化10℃に対して長さ1mあたり0.7mm伸縮（出典：㈱クボタケミックス）。

＊3 掃除口と品確法
住宅の品質確保の促進等に関する法律、共用の排水管には、共用立管にあっては最上階、又は屋上、最下階及び3階おきの中間階又は15m以内毎に、横主管にあっては15m以内ごとに掃除口が設けられていること。ただし、曲がりが多い場合には適宜、掃除口を増やし設置する。

ピット・排水槽・桝　排水水中ポンプ

02 排水水中ポンプの設置
排水ポンプまわりの留意事項

排水（湧水）ポンプで雨水貯留槽のオーバーフロー（退避）水を排水するときは、条件に見合う排水量と起動水位の位置を決めます。

ピット内に設置する排水（湧水）ポンプ

1．排水（湧水）ポンプの設置
排水水中ポンプは、振動伝播を防止するためにポンプ下部に防振ゴムを敷込みます。ポンプ接続には防振継手を設置し、支持部も防振します。

2．電気源用ケーブルの接続
ポンプ付属のキャブタイヤケーブル（＊1）は、ポンプ交換や保守が容易な長さとし、接続ボックスは水没しない場所で一次側の電源線と接続（＊2）します。

3．バルブ類の材質 （＊3、4）
材質は樹脂製など、腐食を考慮して決めます。 排水のポンプに流量調整は不要なので、開でバルブの内部が配管口径に同じとなるボールバルブなどの採用を検討するとよいでしょう。

＊1　キャブタイヤケーブル
可とう性のある電線。すずめっき軟銅撚り線を、ゴムを含む絶縁体で被覆し、単心または複数撚り合わせて、そのうえで天然ゴム、合成ゴム、塩化ビニルなどの外装を施した、たわみ性質のある電線、構造上の区分で一種から四種までの種別がある。

＊2　電線の接続
内線規程1335節-7、8に電線種別ごとの接続・絶縁方法が具体的に示されている。

＊3　バルブ類の材質
建築設備に使用される弁類は、管路の遮断・流量・圧力の調整、逆流の防止を目的とし、玉形弁、仕切弁、逆止弁が主なもので、材質は用途・取付け部位に応じて選定する。

＊4　バルブの詳細

 概要を知るには下記参考図書がよい。

『目で見てわかる配管作業』

概要を知るには下記参考図書がよい。

『図解　給排水衛生設備の基礎』

 より詳しく知るには下記参考図書がよい。

『給排水衛生設備計画設計の実務の知識』

ピット・排水槽・桝　排水水中ポンプ

03 排水水中ポンプ吸込みピット
ポンプ釜場の寸法

排水ポンプの起動水位、停止水位は運転状況やポンプ種別で異なるので、躯体作成前に機種を選定しピット面積と深さを決めます。

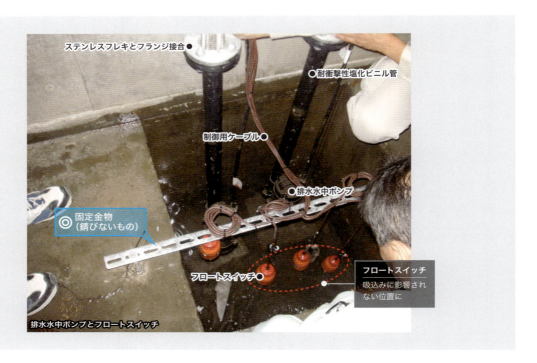

1. 排水水中ポンプの吸込みピット
吸込みピット（*1）は、ポンプ釜場とも言います。大きさはポンプの周囲は200mm以上の空間をあけ、フロートスイッチがポンプ起動時の吸込み水流に影響されない寸法とします。

2. ピットの寸法
清掃などを考慮した吸込みピットの参考寸法は、以下になります。ポンプの起動水位やオリフィスなどの条件を考慮して、ピットの寸法を確定します（*3）。

ポンプ種別	吸込みピットの参考寸法(mm)		
	幅	奥行	深さ
湧水排水ポンプ	800	800	700
機械駐車排水ポンプ	800	800	800
雨水貯留槽（*1）排水ポンプ	2200	1400	1000

（出典：建築携帯ブック 設備工事(第3版)）

3. ピット容量とポンプの起動、停止
排水水中ポンプの起動水位・停止水位・空転防止水位は、排水ポンプごとに異なるので、起動が頻繁とならない吸込みピットの容量とします。
モーター冷却と停止水位（*2）は関連するので、ポンプの仕様を理解して設置することが大切です。

＊1　吸込みピット
深さはポンプの起動水位をもとに決める。起動水位が吸込みピットの上にあるとポンプの起動が遅くなり、ピット容量が小さいとすぐ排出となり、頻繁に起動を繰り返すことになる。

＊2　起動水位・停止水位
排水水中ポンプは、起動水位をモーターが水没する位置とする。モーター冷却と起動頻度の調整のため。停止水位もポンプごとに最低が決まっており、通常はポンプ底部より停止水位が上の位置になる（例外：空冷式水中ポンプ、p.94 *3）。

＊3　ピットの大きさ
下記参考図書を参考に。

『建築携帯ブック 設備工事(第3版)』

ピット・排水槽・桝　排水水中ポンプ

04 運転騒音の軽減
雨水排水槽は排水ポンプを複数台設置

排水水中ポンプの吐出量に比例して大きくなる運転騒音の抑制には、運転台数を水量に応じ起動させる制御とするか、少容量のポンプを複数台設置し逐次フロートで起動させます。

ポンプ複数設置とフロートスイッチ

（写真中ラベル：樹脂製バルブ／電源ケーブル／排水水中ポンプ／防振ゴム付据付台（振動伝播防止）／フロートスイッチ）

1. ポンプ水量が大きい場合
排水量が多いと、ポンプ運転の振動や、運転音の槽内反響も大きくなります。振動対策は、ポンプ据付け部を浮き床基礎（＊1）とし、槽を貫通するポンプ吐出配管は貫通部を埋戻さずにシールし、流水音（＊2）の伝播を防ぎます。少水量のポンプは、浮き床基礎でなく、防振パッド（＊3）で振動伝播が防止できます。

2. 複数台のポンプ設置
雨水の貯留では、少量降雨時の排水用に少水量のポンプを別置すると、運転音・振動を減少できます。貯留量が大きい場合は、降雨量への対応として複数のポンプ（排水量の小さいものと大きいもの）を併設し、少ない水量のポンプから順次起動させると、騒音防止に有効です。ただし、稼働が少ないポンプには定期的な試運転が必要です。

3. 排水槽の通気
排水槽の通気管は、ポンプの排水管口径以上で、かつ50A以上の管を設置します。臭気や湿気を伴う通気は、支障ない位置で開放します。ドルゴ通気弁（＊4）などの通気弁は、排水槽の通気管には設置できません。

＊1 浮き床基礎
構造体と床を離して施工すること。緩衝剤を挟み込み床をつくるが、ポンプ釜場では、ミラブロックなど発泡プラスチック板を緩衝剤として用いる。

＊2 流水音
管の中を水が流れる音。管を連続して流れる状態は、脈動とも言われる。

＊3 防振パッド
防振用の平板で、機械の下部に挿入して振動吸収を図るためのもの。ゴムの表面が凸凹に成形されたものが多く、比較的振動の少ない機器に使用する。

＊4 ドルゴ通気弁
森永エンジニアリング㈱が販売するスウェーデン製の通気用のバルブ。

ピット・排水槽・桝　排水水中ポンプ

05 排水槽のバルブと腐食対策
排水槽全般のバルブ、ポンプの選び方

排水槽全般のポンプは流量調整の必要がなく、バルブは保守の使用なので、流体抵抗の小さいものを選びます。

排水槽内の配置例

1．排水水中ポンプとバルブ（＊1）
大口径のポンプではフランジ接合のバルブを選定し、材質はステンレス製、樹脂製など腐食しにくいものがよい。

2．バルブの設置位置
槽の外でバルブを操作できるのが望ましいですが、槽内に設置するときは、操作が容易な位置へ取付けます（＊2）。

槽内設置のバルブ

＊1　バルブの基礎知識
㈱キッツのホームページ（www.kitz.co.jp）、「バルブの種類と構造」では、動作と構造が説明されている。基礎知識の理解によい。（2016年6月現在）

＊2　バルブ
下記参考図書に詳しい。

『絵とき　配管技術用語事典』

『配管材料ポケットブック』

『空気調和・給排水衛生設備 施工の実務の知識』

ピット・排水槽・桝　排水水中ポンプ

06 排水水中ポンプの起動と釜場の深さ
汚水槽の釜場深さの決め方、流入管の開放

排水水中ポンプは、機種ごとに排水が停滞しないポンプピットの大きさと深さがあります。

排水槽内の配置例

- 槽内への流入管
- 底の勾配は、1/15以上、1/10以下とする
- ポンプ吐出管
- ステンレス排水水中ポンプ
- 運転可能最低水位
- 起動水位
- 振動が伝わらない浮床基礎
- 停止水位
- 排水ピット(釜場)

1. 排水水中ポンプの運転
排水水中ポンプは、機種ごとに最低運転水位、停止水位が決まっています。これらを調べて、運転が支障なく行われる位置にフロートスイッチを設置し、動作に支障がない大きさで、排水ポンプピット(釜場)の深さを決めます(＊4)。

2. 汚水の停滞で腐敗臭の発生
排水の停滞は腐敗につながり、悪臭の原因となります。槽以外の排水先や下水道本管のマンホールからも臭気が漏れないよう、排水設備の規定(＊1、2、3)を理解し、予防します。

3. 導入管に開放部分を設ける
汚水槽内への導入配管は、槽に入った部分に開放個所をつくります。開放することで、下端が詰まっても、排水

導入管の開放例
- 排水流入管の頂部を開放、詰まりの逆流を防ぐ

＊1　排水設備の規定
排水設備に係る構造や材料等については、下水道法等関係法令に、また、下水排観の構造に関する具体的な規定は、建築基準法施行令等を参照。

＊2　排水配管の設備の設置・構造
建基令第129条の2の5で容量に応じた傾斜、材質、トラップ、通気管等の設置、建設省告示 第1597号(改正1406号)で排水管、排水槽、排水トラップ、阻集器、通気管等による規定がある。
排水槽では、底の勾配を吸込みピットに向かって1/15以上1/10以下とするなどの規定が示されている。

＊3　ビルピット条例
建築物における排水槽等の構造、維持管理等に関する指導要綱(ビルピット対策指導要綱)建築物に排水槽等を設置する場合の構造、装置を定めたもの。東京都他で指導されている。
東京都下水道局公式ホームページ(www.gesui.metoro.tokyo.jp/)ほか、各自治体の公式ホームページを参照のこと。

＊4　排水設備の詳細

 簡単に知るなら下記参考図書がよい。
『世界で一番やさしい建築設備』

 詳しく知るなら下記参考図書がよい。
『給排水衛生設備計画設計の実務の知識』

ピット・排水槽・桝　排水水中ポンプ

07 ベルマウス付き排水水中ポンプ
ポンプ停止をタイマーで遅延させる

ベルマウス付きの排水水中ポンプは、汚水槽内の汚水を残さず排水でき、槽内の腐敗防止に有効です。

排水水中ポンプとベルマウス

1．排水の停滞防止
排水を停滞させないためには、ベルマウス（＊1）付きの排水ポンプが効果的です。ベルマウスを付けることで、停滞する排水が減り残留物も減少するので、槽内の排水の腐敗を防止できます。

2．ベルマウスとポンプ始動水位
一般的な排水水中ポンプはモーター部が水没する位置に始動水位があり、ここに到達するまで起動しません。したがって、槽の底部から水中ポンプのモーター部の上まで、かなり汚水が溜まります。滞留水を減らすにはポンプピット面積を小さくし深さはポンプがピット内から出ない高さとします（＊2、3）。

3．ポンプの故障に備える
汚水槽のポンプが故障した場合、槽内に入ってのポンプ交換は大変困難です。対策としては、右の写真のように専用の着脱装置とガイドレールを使用して、交換できるようにします。着脱装置部とガイドパイプの固定では、振動伝播の防止に留意し、防振を行います。

> **＊1　ベルマウス**
> 吸い上げ用の金物の型、先端はラッパ状をしている。
>
> **＊2　排水の導入**
> ベルマウスへの排水導入を円滑にしないと、釜場での溜りを減らせない。釜場は平滑で、ベルマウスへ向かって勾配があるのがよい。
>
> **＊3　ポンプの強制運転**
> 自動運転機構内蔵型ポンプは、運転機能が決まっており停止運転水位を超えての排水は不可能である。
> 強制運転は制御盤とポンプを組み合わせ、盤に組込みのタイマーでポンプが所定の停止水位に到達した後も、数分間運転を継続させ底まで排水する。
> 空冷式水中ポンプにするなら、始動水位がモーター部の下となり低水位から始動することができ、停滞水を少量にできる。ベルマウスを組み合わせ、タイマーで運転停止を遅らせばさらに滞留水位を低くでき、かつ汚水を残さず排水できる。

ピット・排水槽・桝　予旋回槽

08 ベルマウスの円滑な排水
ベルマウスに排水を円滑に導入する工夫

ベルマウス部分の槽を掘込んで、排水を円滑にする事例です。

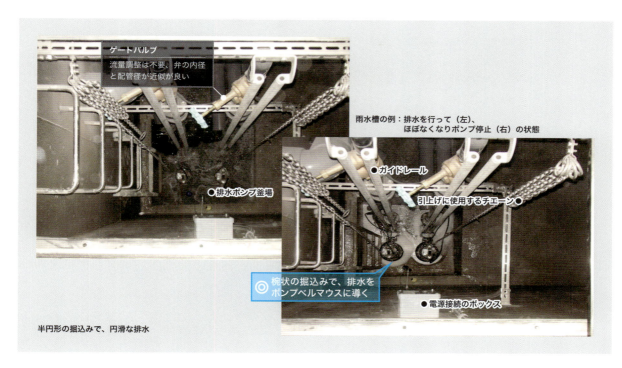

1. ベルマウス部分へ排水導入
排水槽底部のベルマウスが設置される部分を掘込む（*1）ことで、排水を円滑にできます。掘込みは、ベルマウスの排水条件に合致させた大きさとします。

2. 掘込みの事例
ベルマウス付近の掘込みは、いろいろな形態が考えられますが、排水対象の大きさなどを考慮し決めましょう。底部を掘込む場合、詰まりの防止と、汚物の停滞を防ぐため、ベルマウス周囲の空間は配管径以上とするなど注意しましょう。

＊1　掘込み
槽の用途や防水施工の容易性、ベルマウスの大きさを考慮して決める。

ピット・排水槽・桝　予旋回槽

09 予旋回槽とベルマウス付きポンプ
両用で残さず排水

(1) 予旋回槽（＊1）は、排水をスムーズに残さず排出するための機器です。

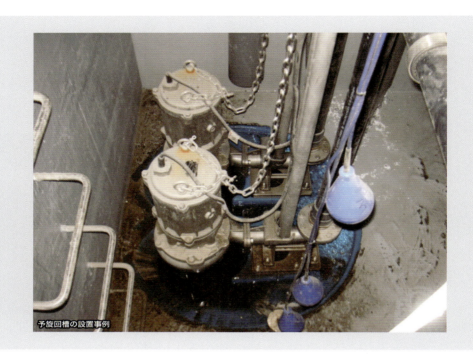
予旋回槽の設置事例

1．予旋回槽の基本

① 予旋回槽の施工例
振動の伝播を抑えるには、予旋回槽をミラブロック（＊2）など緩衝材を挟んで据付けます。
ベルマウス付きの排水水中ポンプとともに使用します。

② 予旋回槽とポンプの設置の概念図

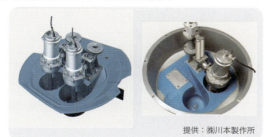
提供：㈱川本製作所

③ 予旋回槽の形状
写真の丸型だけでなく、角型、半円型があります。槽の状況で形態を決めるのがよいでしょう。

④ 汚水の停滞例
予旋回槽は汚水の停滞を防ぎます。汚水の停滞が起こると、写真のように汚物の腐敗で悪臭が発生してしまいます。

槽内の腐敗事例　×停滞し腐敗が進んだ汚物

＊1　予旋回槽
予旋回槽を設置すると残さず排水ができるため、汚水の腐敗が予防できる。については、㈱クボタパイプシステム事業部、新明和工業㈱、㈱鶴見製作所、㈱川本製作所などのポンプメーカー資料に詳しい。

＊2　ミラブロック
ポリオレフィン樹脂を原材料とする発泡プラスチック、耐水性の防振材。

(2) 予旋回槽と排水ポンプは、汚水槽の深さ、形状を間違えないよう計画します。ポンプ釜場（ポンプ設置場所）の深さは、ポンプの運転水位を基準として決定します。

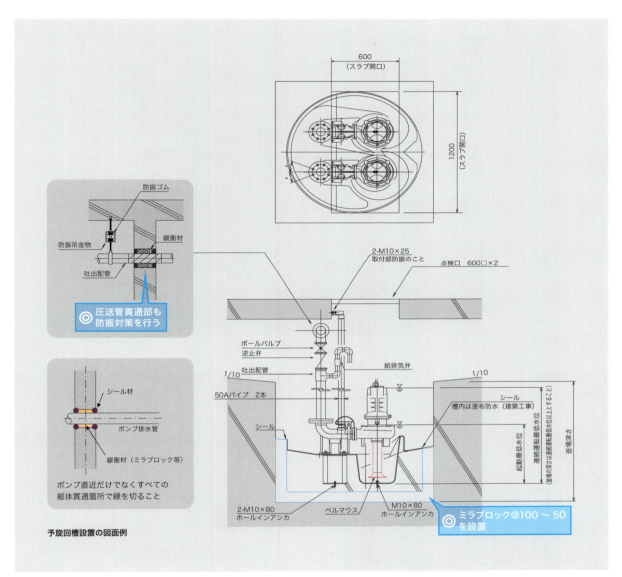

1. 図面で見る予旋回槽とベルマウス付きポンプ

① ポンプの運転間隔
ポンプと予旋回槽の設置例です。ポンプ仕様から運転水位や停止水位を知り、釜場の深さを決めます。

② 運転振動の防止
ポンプの振動が躯体へ伝わらないように、図では予旋回槽の周りにミラブロックを設置し、振動防止を図っています。ポンプ引き上げのガイドレールの固定や、配管貫通部、配管支持金物にも防振を行います。
ポンプ圧送管が躯体を貫通するときは、貫通部に緩衝材を挿入し、かつ臭気、排水の漏れがないようにシール材を施工するなどで、騒音伝播を防ぎます。

ピット・排水槽・桝　雨水貯留槽

10 雨水貯留槽の基本
オリフィス、ゴミ除けカゴ、ポンプによる排水量調整

雨水貯留槽は、流出（抑制）量をオリフィスで調整します。

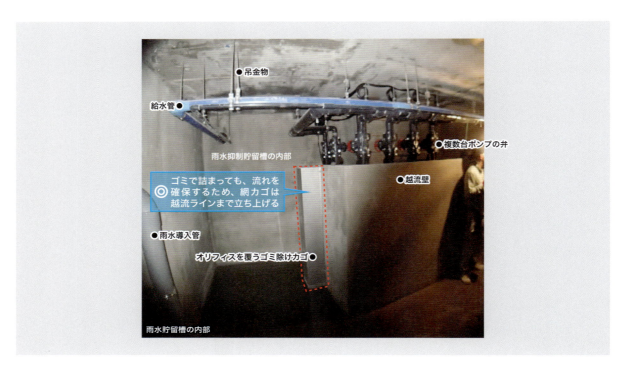

雨水抑制貯留槽の内部
- 吊金物
- 給水管
- 複数台ポンプの弁
- 越流壁
- 雨水導入管
- オリフィスを覆うゴミ除けカゴ

ゴミで詰まっても、流れを確保するため、網カゴは越流ラインまで立ち上げる

雨水貯留槽の内部

1．雨水貯留槽
貯留槽は、行政の指導基準に合わせ計画します。槽の位置が地盤面より深い場合にはポンプ排水（＊1）となります。

2．少量の降雨
少量の降雨時に、大きなポンプが起動し排水すると運転騒音がクレームの原因になるため、少量の降雨時用に排水ポンプを別置するなどの検討も必要です。

- 雨水導入管、防臭逆止弁（＊2）付

底部に水落ちの補強ブロックを置くと水滴の床保護によい

導入管と防臭逆止弁

＊1　ポンプ排水
槽から自然流下で排水ができない場合はポンプ排水とする。
貯留する雨水量が多い場合は、降雨状況に応じた排水ができるように、複数ポンプを設置する。起動方式は、台数制御運転を検討する。

＊2　防臭逆止弁
排水方向に蓋がついており、排水時に蓋が上がり、排水が終わると蓋が閉じる弁、逆流を止める機能を併せもつ。製造メーカーによって、呼び方が異なる。

防臭逆止弁
（提供：前澤化成工業㈱）

また、排水の逆流防止としては、逆水防止弁の名称で中部美化企業㈱製品などがある。

逆水防止弁
（提供：中部美化企業㈱）

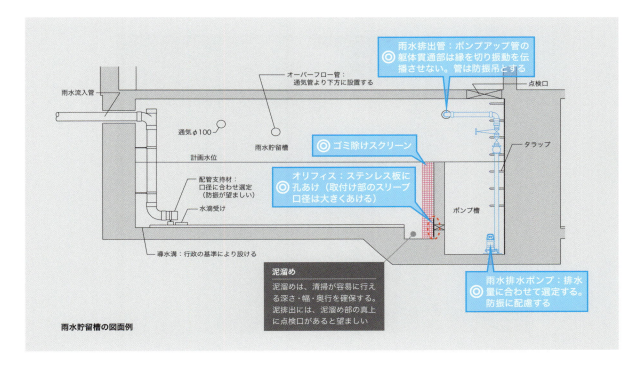

雨水貯留槽の図面例

3. オリフィスとステンレス板

オリフィス（*3）の口径は、貯留槽の水深と放流量から決定します。オリフィス位置の設定には、ステンレス板へオリフィス孔を開口し、越流堰（*4）のスリーブ開口へ位置合わせを行い取付けると正確です。

4. ゴミ除けカゴのスクリーン（*5）

オリフィスへの詰まりを防ぐために、スクリーン（網カゴなど）を設置します。スクリーンの開口は、オリフィス径の70％以下を一個の大きさとしますが、自治体により規定は異なるので基準を調べましょう。

＊3 オリフィス
前後の圧力差から流量を調整するための孔のこと。雨水槽では、雨水の流出量を制限するために使用する。オリフィスの孔は、躯体に直接あけるのではなく、ステンレス板等腐食しにくい材料にオリフィスの径に見合う孔をあけておき、これを躯体開口に取付けてオリフィス位置を正確に設定する。

＊4 越流堰
貯留容量を確保する位置まで立ち上げる壁、壁の上部は空間とし、大量の降雨ではこれを超えてよい。

＊5 スクリーンの位置
槽の底部から越流堰の上部まで、ゴミ除けスクリーンを取付けて、障害物で排水が停滞しないようにする。

ゴミ除けスクリーン・パンチングメタル使用の例

ピット・排水槽・桝　雨水貯留槽

11 網カゴとポンプ設置例
雨水貯留槽の泥溜め、網カゴ、ポンプまわり

複数のポンプを設置するときは、吸込み水流がフロートスイッチの動作に影響を与えないように注意します。

1．ポンプピット
フロートスイッチ（＊1）がポンプの吸込みで影響を受けて制御に支障をきたさぬよう、フロートとポンプの位置を決め、ポンプピットの面積を決めます。

2．泥溜め
オリフィスの手前には、オリフィスより低い位置に泥溜めを設けて、オリフィスが詰まらないようにします。

＊1　フロートスイッチ
水面に浮かぶフロート（浮き）が、水面の変動により上下動することでON・OFFを行うレベルスイッチ。

ピット・排水槽・桝　雨水浸透施設

12 雨水抑制と浸透施設
浸透能力低下への対応

浸透施設は、時間経過とともに、ゴミや細かい砂、土の流入で浸透能力が低下することを踏まえ、豪雨の退避方法を考えておきます。

浸透トレンチ

樹脂製の浸透トレンチ
これを組み合わせてトレンチを形成する

浸透施設では将来の能力低下対策を検討し、大きく容量を決めるか、能力低下時の退避方法を検討しておく

1. 浸透施設
浸透施設（＊1）の築造方法は、ポラコン管（＊2）を中心に配置し周囲を採石で充填する浸透トレンチや、写真のように樹脂製の部材を組合わせて、浸透トレンチにする方法などがあります。

透水シート
浸透トレンチの敷設
施工途中の浸透トレンチ

2. 浸透能力を超える降雨対策
浸透能力を超える降雨時に備えて、必ず逃がし配管（＊3）を設置します。逃がし配管は、雨水を抑制せず放流してしまうので、一時貯留ができる建物ピット内へ退避させ許容放流量を守るか、敷地内の適当な個所の桝から溢れさせて浸水被害が起きないようにします。

3. トレンチにつながる配管
トレンチにつながる配管には、スクリーンを付けゴミの流入を防ぎます。

＊1　浸透施設
雨水の流出抑制として、敷地内で雨水を浸透（p.101）させる桝やポラコン管などを一体としたもの。

＊2　ポラコン
ポラコンとは、水を通すために空隙を多くして、連続した水みちを確保するようにしたコンクリート。

＊3　逃がし配管
雨水浸透施設に浸透能力を超える雨水が流れ込むと、雨水が排出されず、逆流や冠水が起こってしまう。防止策として、建物のピット内などに雨水を一時退避させる（逃がし）配管を設ける。

ピット・排水槽・桝　雨水桝

13 雨水桝と落葉対策
植栽の落葉と異物混入を防止

雨水桝は、ゴミや落ち葉の流入で排水能力が低下しないように、網カゴなどを取付けてゴミ詰まりを予防します。

雨水桝の網カゴ

1. 雨水集水桝の詰まり防止
植栽、専用庭などの雨水集水用の桝には、落葉キャッチャーとして網カゴを設置すると、管の詰まりを防ぐことができます。

2. 格子蓋
格子蓋はスリット状に開口の蓋に比べて、豪雨時でも速やかに雨を呑込むことが可能です。蓋には固定用のチェーンを付け、蓋の持ち去りや移動を防止します。

格子蓋付雨水桝

3. 雨水排水管
最下階の雨水排水の管と上部階の樋は系統を分け（＊1）、桝までの間に合流させないようにします。立樋を接続する一次桝は、グレーチング桝として、オーバーフローや通気用として対応するのが望ましいですが、雨水流入の際は音も発生するので留意して位置を決めます。排水横引管は、立管より一回り大きくすると豪雨対策になります。

4. 降雨量と配管径
雨水配管は、タテ樋から第一桝までは、10分間最大降雨量以上、桝以降から本管接続までは時間最大降雨量以上を排水できる口径とするのがよく、降雨面積には廊下やバルコニーの一定割合を加え、この部分に吹込む雨水も考慮します。

> **＊1　最下階雨水の分離**
> 最下階の雨排水を上階からのタテ樋へ接続すると、多量降雨時に管が満水になり、最下部の雨排水溝より上階の雨が溢れでるので別に排水する。

ピット・排水槽・桝　ガソリントラップ

14 ガソリントラップとポンプ排水
ポンプ排水のトラップに導入

ガソリントラップの設置は、排水に障害がない位置とします。

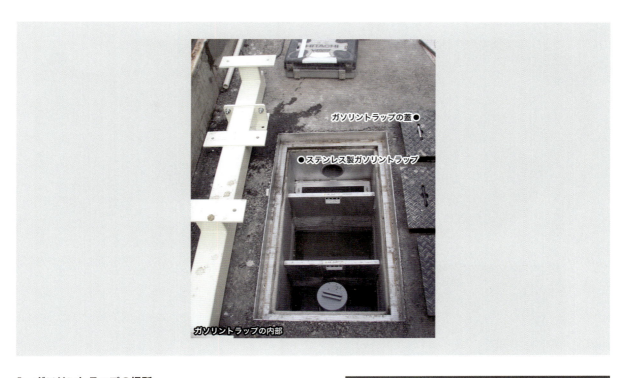

1．ガソリントラップの場所
ピットをもつ機械駐車設備は、ピット内で排水ポンプの手前にガソリントラップを設置します。ポンプの吐出先にガソリントラップを設けると、排水ポンプの水量によっては、ガソリントラップから排水が溢れてしまうことがあるので避けるのが無難です。

2．簡易的なトラップ
ピット内のガソリントラップは、簡易的なもの（＊1）でよいとされます。

> **＊1　簡易的な阻集器**
> 簡易型阻集器の例は、東京都の場合、50m²を超える駐車場で、車両整備を行わない場合とある。『建築設備設計・施工上の運用指針2013年版』に示されている。

ピット・排水槽・桝　雨水桝・汚水桝

15 桝設置と沈下防止
土砂の流出、桝底部、管の沈下

雨水桝、汚水桝の設置は管が沈下しないように、排水勾配に注意して進めます。

雨水桝
✕ 底部のコンクリートを忘れている例

排水管内の確認
管内に異物やたるみがないか確認

汚水桝
✕ インバートが配管より下がっている例（逆勾配）

1．桝の築造
雨水桝、汚水桝（＊1）の設置は、砕石を敷込み突き固め、捨てコンクリートを打ったうえに設置し、側塊の接合部は、防水モルタルで接合します。

2．桝と浸透施設
浸透施設を桝付近に設置すると、浸透で生じた水の通り道によって地盤に空洞ができ、地盤沈下を引き起こす場合があります。浸透施設が近くにある場合は、入念に桝底部を固定し、かつ、配管が沈下しないように注意します。

3．既存排水管
既存の排水管を利用して下水道管へ放流する場合は、既存部分の管底を調査し、接続を逆勾配としないよう注意します。

＊1 桝
排水管の合流地点や配管の方向、勾配が大きく変わる場所に設ける。排水桝には桝底に泥溜りを設けた雨水桝と、底部を汚物が停滞しないように半円形に仕上げた（インバート）汚水桝がある。既製品は塩ビ製・コンクリート製がある。

ピット・排水槽・桝　排水計画

16 道路面より低い場所の排水
複数排水で道路雨水の流入に備える

道路面より下がった建物の入口は、道路の雨水が流れ込むため複数の排水口を設けて排水対策を施します。

● 道路面

建物が道路面より下がっている。降雨量によっては、雨が室内に流れ込む

道路より低い

排水溝 ●

道路より低い入口

1．排水口は2カ所以上
建物入口が道路面より下がっている場合は、雨水流入時に速やかな排水が必要です。排水金物に詰まりが生じる場合があるので、複数の排水金物を設け、系統も分けておきましょう。

2．排水溝の蓋の有効開口
蓋の開口幅は、排水溝の開口面積を管口径に換算し、降雨に見合う排水流量かを確認します。大きいほうが排水効率はよいのですが、あきすぎても危険です。女性用の靴の踵が入らないよう配慮します。

3．排水口には、ごみ除けを設置
排水金物をトラップのない目皿とする場合は、臭気対策として、排水管の末端に防臭弁（p.98 ＊2）を設置します。

4．排水管には、逃がし口を用意
多量に雨水が流れ込むときは、土砂や塵芥も一緒に運ばれ、排水管が詰まることがあるので、必ず逃がし管を用意します。逃がし配管には、防臭措置も必要です。

＊1　道路面以下の逃がし配管
道路面より建物入口が低い場合、自然流下の排水はできなく、いったん貯留してポンプで排水する場合が多い。ポンプは地下ピットにあるので、雨水排水の配管に上側に逃がし口を用意する。

ピット・排水槽・桝 排水計画

17 排水管の系統分離
用途、方法で排水を区分

ポンプ排水と自然流下排水が合流する場所は流量障害（＊1）が起きやすくなります。

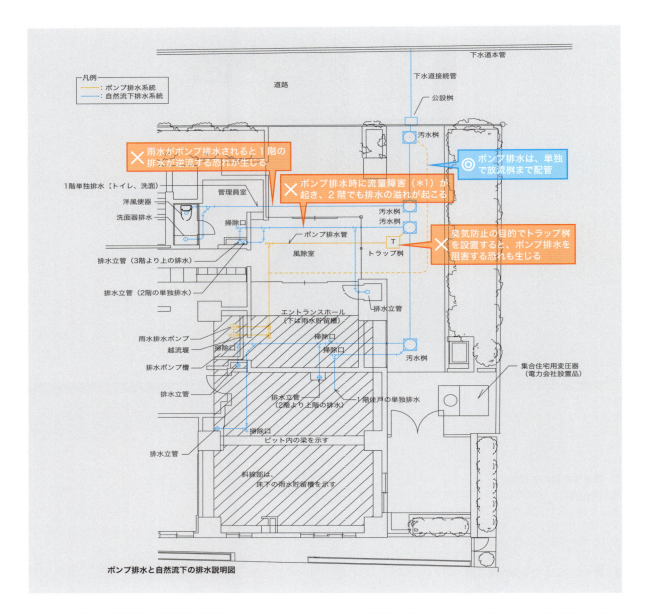

ポンプ排水と自然流下の排水説明図

1．ポンプ排水と自然排水は系統を分ける

上の図では、1階の単独排水と雨水貯留槽からのポンプ排水が同一の管で排水されています。雨水排水ポンプが動くと自然流下の排水がポンプ排水に妨害され、管理員室のトイレに排水が逆流したり、2階系統の排水が円滑に行われなくなり溢れる事態も生じます。

2．ポンプ排水にトラップ桝は設けない

合流式の排水配管では、汚水系統の臭気が雨水管を伝わり外部に拡散しないように桝でトラップ（封水）を形成し臭気防止を図りますが、ポンプ排水にトラップ桝を設けると、排水が円滑にできなくなります。雨水排水ポンプの停止中も管は充水されており、通気不要です。

＊1 流量障害
通常排水とポンプ排水が合流すると、ポンプ排水が勝り、自然流下の排水の妨げとなる。

6 消火栓・消防機器

消火設備は、建築物の用途や延床面積、階数から必要な設備が決まります。数ある消防設備のなかでも、集合住宅で設置例が多い消火栓設備を中心に、ポンプや屋上に設置する水槽や配管やバルブ類について、法の概要を交えながら要点を理解します。

消火栓・消防機器　補給水槽

01 補給水槽の設置
消火設備の主要な機器、部材に名称を記入する

消火設備の機器類は消防法・同施行令・施行規則の規定に従って設置します。

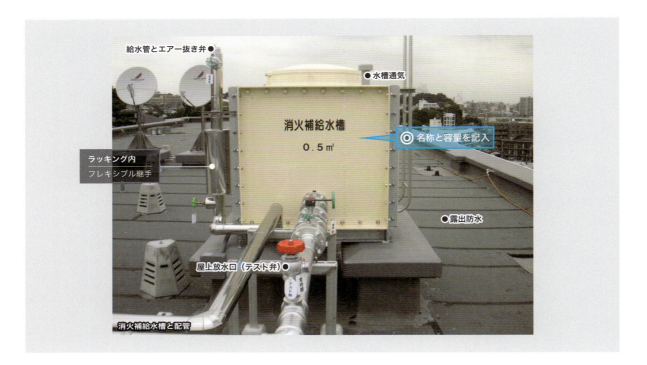

1. 機器・機器名称の記入

消防設備（＊1）の機器類は名称や容量を記入し、配管は用途を明示します。取付け方法や材料は消防法の施行規定（＊2）、自治体ごとの消防規定（＊3）に合致させる必要があります。配管については、流れの方向を示すことも義務づけられています（＊4）。

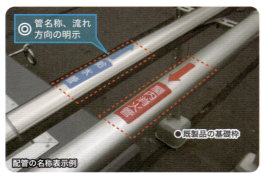

＊1　消防設備
建築物ごとの必要消防設備は、消防法の防火対象物ごとに異なる。（説明は、機材まわりの施工を示すにすぎないので、法令確認のこと）

＊2　消火補給水槽（補給水槽）の規定
有効水量は、1号消火栓では、0.5m³以上、2号消火栓では、0.3m³以上とする。
水位低下時に呼び径25A以上の配管により自動的に給水できる装置を設けた場合は、当該水量を0.2m³以上とできる。
槽の材質は鋼製又は同等以上の強度、耐蝕性、耐熱性を有するもの。
屋上設置では隣接建物、当該建物から槽材質が鋼製では3m それ以外は5m離れていること。ただし、開口部に防火設備が設けられている場合はこの限りでない。
鋼製以外の槽では周囲に可燃物がないこと。
（東京消防庁監修：予防事務審査・検査基準Ⅱより要約し抜粋）

＊3　予防事務審査・検査基準
東京消防庁監修の消防設備の審査・検査の基準を解説する冊子がある。東京消防庁管轄外の消防署にも、類似の基準があるので、自治体ごとに規定を確認する。

＊4　消防法施行規則
第12条六、ト（ハ）「開閉弁又は止水弁にあっては、その開閉方向を、逆止弁にあっては、その流れ方向を示したものであること」
同条には、配管口径・材質・耐熱性など基準の細目が示されている。

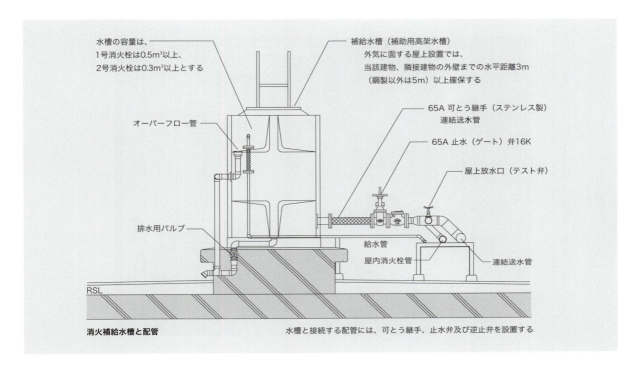

消火補給水槽と配管

水槽と接続する配管には、可とう継手、止水弁及び逆止弁を設置する

2. 機器まわりの配管類
補給水槽まわりの配管・管継手類は、省令に定める認定品や評定品とし、火災時に熱で損傷する恐れのある部分は、耐熱試験に合格したものを使用します（*5）。
屋外や湿気のある所の露出配管は、白管を除いて、錆止めなどの防食を講じ、凍結する恐れのある部分には保温します。

3. オーバーフロー管で防水を損傷させない
露出防水では、オーバーフローや水抜きの水撃で防水が痛むことのないよう、水受け用の台を設けるなどの配慮も忘れないようにするとよいでしょう。

*5 補給水槽へ接続の配管
補給水槽へ接続する配管は、伸縮・変位・振動などに対応するベローズ形継手・フレキシブル継手、プレート型などの可とう継手と、止水弁、逆止弁を設ける。

*6 消防法、同施行令
手引書として下記参考図書が便利です。

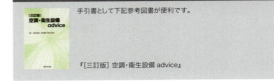

『[三訂版] 空調・衛生設備 advice』

消火栓・消防機器　屋上配管

02 外部消防機器の維持管理
配管用途の記入、防食、防露

機器や配管類は用途を明記し、外気温や湿度の変化にも耐えうる素材を選定します。

1. 用途を表示
スプリンクラー管（下部）と連結送水管（上部）の充水用配管、管が複数の場合は区別を示し、それぞれに流れ方向を記入します。

2. 外部配管
凍結や、錆、腐食（＊1）に配慮し、基礎への固定ボルトやナットはステンレス製とし、袋ナットの使用やグリースキャップを取付けます。

3. 防露、保温
屋外の防露、保温は、水が侵入すると凍結と結露の恐れがあります。それらを防ぐため保温材に金属板をラッキング（p.112）します。材質は、腐食しにくいものを選びます。

＊1　腐食にまつわる告示

平成12年建設第1388号に規定がある。
: 第1　建築設備の支持構造部及び緊結金物で腐食又は腐朽の恐れのあるものは、有効なさび止め又は防腐のための措置を講ずること。
: 第2　屋上から突出する水槽、煙突、冷却塔その他これに類するもの（以下屋上水槽等という）は、支持構造部又は建築耐力上の主要な部分に、緊結すること。
: 第4の三、管の伸縮その他の変形により当該管に損傷が生ずる恐れがある場合において、伸縮継手、又は可撓継手を設ける等有効な損傷防止のための措置を講ずること

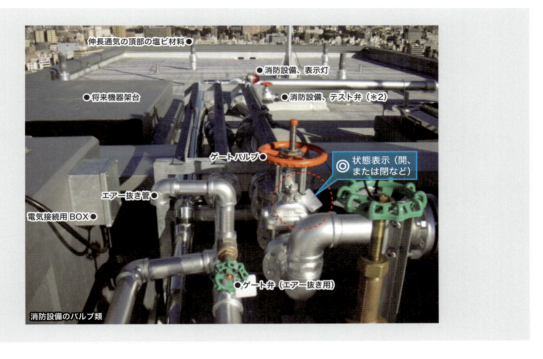

消防設備のバルブ類

4．名札の設置、使用状態の表示
屋上機器類には名称と状態を示す札をつけて用途を明示します。名札が風で揺れて騒音とならないよう、適当な個所に結束します。バルブにも、常時開で使用するのか、閉止でよいのかなど状態表示の札をつけます。

5．露出配管に塗装
屋外、湿気の多い場所等の露出配管（白管を除く）には、錆止め塗装などで腐食を防止します。
白管も、施工時のレンチ跡などを消すときは塗装します。

6．管にゲート弁
通水のときにエアーが抜けなくなる箇所には、適宜エアー抜き用のゲート弁を取付けます。

7．支持材料
配管類の支持も腐食しにくい材を選定し躯体に固定します。至近に避雷針がある場合、金属類へはアースが必要となるので、電気的事項にも留意して配置場所を決めます。重量のある補給水槽は、構造の制約も理解し、設置位置を決めます。

＊2 テスト弁
東京都では火災予防条例第38条第4項の規定により、「屋内消火栓設備には、その屋上に1以上の放水口を設けなければならない」とあり、連結送水管も同様とされる。屋上に設置する放水口は、正しくは屋上放水口。
易操作性1号消火栓、2号消火栓を設ける場合では、屋上放水口は、「努めて当該消火栓1式を設置すること」とされている。
規程には、ただし書きがあるので、実施に際しては、消防署と打合せが必要。

消火栓・消防機器　屋上配管

03 消火配管とラッキング
水の浸入対策、点検スペースの確保

凍結の恐れがある配管類は保温を行い、露出する場合はラッキングなどで保護します。

1. 屋上配管の保温・防露：ラッキング
高層建物の屋上配管は、凍結を考慮して保温します。保温材はラッキング（＊1）し、接合部から雨が侵入しないようにします。ラッキング表面の傷は錆のもとです。傷の程度で、補修ないし取替えます。

> **＊1　ラッキング**
> 保温、保冷の目的で配管などに断熱材で被覆し、上部にカラー鋼板、ステンレス、アルミ、樹脂などを巻き仕上げること。

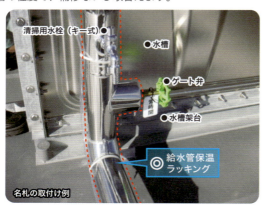

2. ラッキングの継ぎ目
ラッキングの継ぎ目が、上側にある場合は、必ずシールして、雨や雪など水の侵入を防ぎ、保温効果を損ねないようにします。

消火栓・消防機器　消火ポンプ

04 屋内の消火ポンプ設置
設置は維持点検に配慮

消火栓ポンプは、点検時の運転による振動・騒音の影響を考え設置場所に応じた対策を行います。

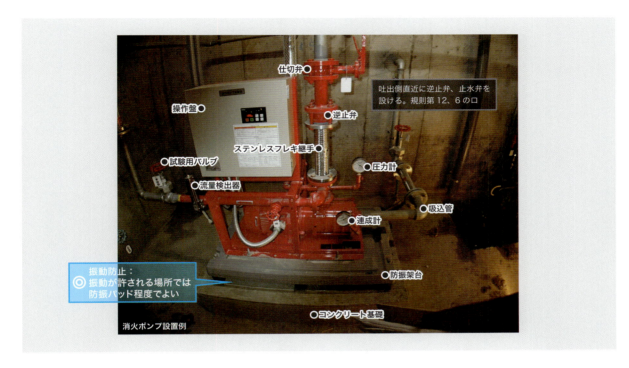

消火ポンプ設置例

1. 消火ポンプ
点検運転のとき、騒音や振動を気にしない場所のポンプ防振は、防振ゴムの設置程度で十分です。騒音に配慮すべき場合はポンプ用の防振架台に設置します（＊3）。

2. 消火水槽の位置がポンプ下部の場合
水源がポンプの下部となる場合は、吸込みにフート弁（＊1）を取付け、動作を確認できるように据付けます。ユニット型消火ポンプは、呼水装置（＊2）など必要機材が一体で便利です。

呼水装置とフート弁カバー

3. 消火ポンプの設置場所
維持点検に支障のないよう、周囲に空間を設け、専用の不燃区画内に設置します（p.114）。

＊1　フート弁
ポンプより下部の水槽から水を吸い入れる吸込管の末端に取付け、水を落とさない弁。スイング式とリフト式がある。

＊2　呼水装置
施行規則第12条3の2
イ．水源の位置がポンプより低い場合は呼水装置を設けること。
ロ．専用の呼水槽を設ける。
ハ．減水警報装置及び水を自動的に補給する装置が設けられていること。
呼水装置とは、ポンプのケーシングの中へ常に水を供給する装置。
消火水槽の水位がポンプの吸込みより上部になる場合は、呼水槽を省略できる。

＊3　消火ポンプ設置の詳細
下記参考図書を見るとよい。

『建築設備設計マニュアル 給排水衛生編』

消火栓・消防機器　消火ポンプ

05 屋外の消火ポンプ設置
屋外や屋上設置では凍結防止に配慮

屋外に消火ポンプを設置するときも、専用の不燃区画（＊1）内への設置が原則です。

共同住宅用スプリンクラーポンプ（屋上設置の例）

1. 自治体の基準
屋外設置の不燃区画の設け方は、各自治体の設置基準に従います。

2. 消防設備の凍結防止
共同住宅用スプリンクラー設備で、屋上に水槽やポンプを設置するときは、凍結防止を検討します。消火ポンプの設置は場所が屋内（＊2）、屋外（＊3）で別の規定があります。

3. キュービクル型消火ポンプ（＊4）
設置するときは、防火対象物、隣接する建物または工作物と1m以上を保有距離（＊5）として離します。

屋上設置例

＊1　不燃区画
不燃区画では開口部、配管の貫通、換気設備、排水設備についても、規定があるので、これらについて検討が必要。

＊2　屋内のポンプ設置
屋内にポンプ（水中ポンプを除く）を設ける場合は、不燃材料で造った柱若しくは壁、床又は天井（天井のない部屋にあっては屋根）で区画（以下、「不燃区画」という）された（専用の室に設けること。不燃区画された空調設備等の不燃性の機器又は炉、ボイラー等の火気使用設備以外の衛生設備等を設ける機械室に〔設ける場合は、この限りでない。（東京消防庁監修　予防事務審査・検査基準　改定第11版）

＊3　屋外のポンプ設置
屋外（屋上を含む）にポンプを設ける場合は、風雨、塩害、凍結等により制御盤、電動機等に影響を及ぼすことから、不燃材料で区画された専用の室（不燃区画）に設けること。（東京消防庁監修　予防事務審査・検査基準改定第11版）

＊4　キュービクル型消火ポンプ
金属箱に納めた形態の消火ポンプのこと。ただし、これを不燃区画として認めず、キュービクル型消火ポンプの設置を認めない自治体があるので、設置に当たっては確認が必要。

＊5　保有距離
隣接する建築物又は工作物から1m以上とすること。ただし、建築物、工作物が不燃材料で造られ、開口部に防火戸（建基法第2条第9号の2の口）、又はその他の防火設備が設けられている場合は、1m未満とすることができる。（キュービクル型設置・東京消防庁通知）

消火栓・消防機器　消火栓

06 外廊下設置の屋内消火栓
屋内消火栓の種類、水抜き、養生

屋内消火栓（＊1）は、操作が容易な易操作性消火栓（＊2）の設置を検討します。

1. 屋内消火栓
建築規模によっては、屋内消火栓の設置が義務づけられます。屋内消火栓（＊1）には、1号消火栓・易操作性消火栓（1号・2号）があります。

2. 併設型
併設型とは、火災報知機の発信器、ベル、位置表示灯の組込みや放水口（連結送水設備）を同一の消火栓箱に設置するものです。自動火災報知設備機器を併設すると配管が複数になるので、取合いを各業者で協議しましょう。

3. 水抜き
屋外廊下では、底部に水抜き孔があるボックスを使います。

＊1　屋内消火栓
1号消火栓はホース接合部から各所への水平距離が25m以下とするもの。2号消火栓は、水平距離を15m以下とするもの、この距離を半径とし、当該階を包含できる個数で消火栓を設置する。通路が入り組む場合は、実際の消火に支障ないか、歩行距離も検討しよう。

＊2　易操作性消火栓
消防では、操作が容易な易操作消火栓の設置を推奨している。

消火栓・消防機器　消火栓

07 放水口・消火栓の設置高さ
消火栓ボックスの納まり立・断面図

放水口、消火栓開閉弁は法令で設置高さ（＊1、2）が決められています。

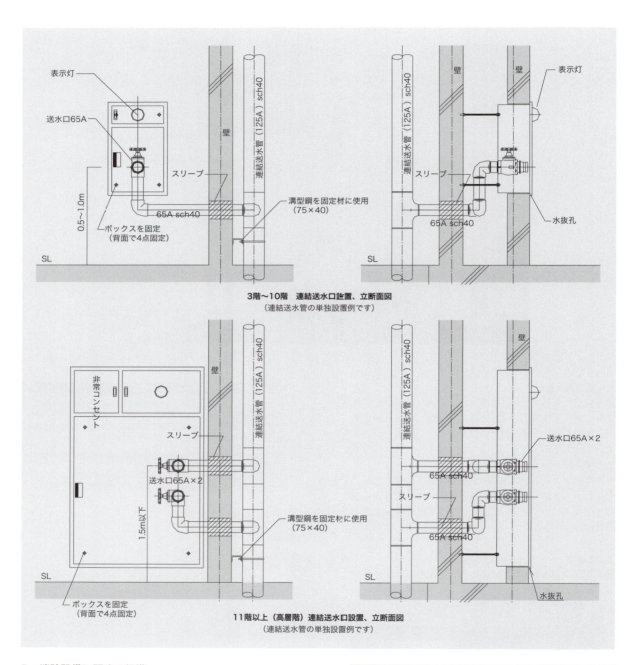

1. 消防設備に関する規準
消防設備に関する規準の細目を理解し、設置高さや、材質は間違いのないように、明記しておきましょう。

＊1　放水口の位置
放水口のホース接続口は、床面からの高さが、0.5m以上1m以下に設置すること（消防法施行規則第31条）。

＊2　消火栓の開閉弁の高さ
床面から1.5m以下に設置（規則第12条）すること。

7 換気・ダクト

集合住宅のスパイラルダクトを使用した換気ダクトについて、排気に含まれる水蒸気分や油脂分の除去方法を考えます。ダクトから換気扇の振動を伝えない施工方法、レンジフードファンのダクトとウレタン吹付け断熱材の施工順序、浴室やキッチンの排気方向などを考えていきます。共用部の給排気では、機器の騒音や振動に対しての対処法を理解します。また、レンジフードファンの運転で住戸の玄関扉が重くなったり、屋内廊下での調理臭や喫煙臭によるクレーム対策の一例を示します。

換気・ダクト　配管勾配

01 ダクトに必要な勾配
凝縮水と油脂の排出道に谷部分をつくらない

水蒸気や油脂分を含む排気ダクトは、結露に配慮し、先下がりに勾配を付けて溜まりを防ぎます。

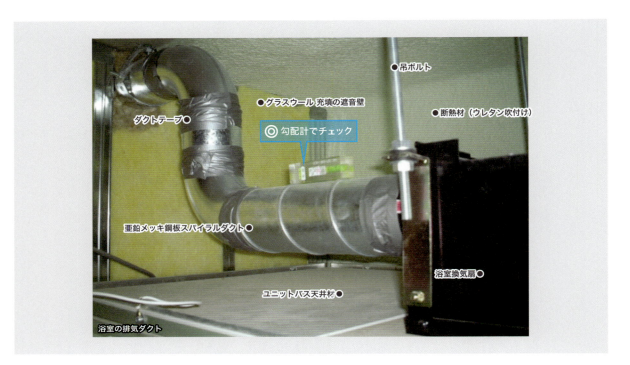

1. 湿気を含むダクト
調理用のダクトなど、油や湿気を含む排気の結露水が溜まらないよう、ダクトに勾配を付けて排出します。

2. ダクトの勾配の確認
ダクト勾配は水平器などを用い勾配方向を確認します。

3. ダクトの接続
ダクト相互の接続（＊1）は、接続部をビスで3カ所程度固定します。漏水の原因となるため、ダクト底部のビス止めは避けます。
接続部は外面をダクトテープで固定し、ブチルゴムなどを内部に介し気密性を保ちます。
レンジフード排気は耐火性能のある材料で、気密性を確保します。

4. 機器の操作用電線
機器のリモコン操作線などに余りが生じるときは、まとめて邪魔にならない場所に結束します。
線に損傷の恐れがあるときは、保護材を入れましょう。

＊1　ダクトの接続方法
厨房、浴室などの多湿箇所の横引換気ダクトは、その継ぎ目及び継手を内面よりシール材によりシールを施すか、継ぎ目にシール材を充填する工法とする。シール材はシリコンゴム系又はニトリルゴム系を基材としたもので、ダクト材質に悪影響を与えないもの（出典：『公共建築工事標準仕様書・機械設備工事編』）とある。

換気・ダクト　防振

02 ファン稼働時への配慮
防振、フィルターの清掃、ダクト切断部の錆止め

ファンを設置する場所の用途にあわせて、防振や維持管理の対策が必要です。

スパイラルダクト ○
✕ ダクトは軽量鋼材に接触させない
✕ 簡易な固定は避ける
天井内のダクト

1. ダクトの施工
ファンの振動を伝播させないようにダクトは間柱などとは離して設置します。上の写真は間柱にダクトが触れています。

2. 風量調整
1台のファンで複数の部屋を換気するときは、各々の吸込口を適切な排気量に調整します。風量調整はダンパーや風量調整機能付きの制気口で行います。

3. フィルターの設置
吸込口にはフィルターをつけ、内部のダクトの色が見えないようにします。フィルターを設置しない場合は、ダクト内部を黒色で塗装すると、金属色が隠れます。

4. 制気口（吸込口）の取付け
制気口は取付け用の補強材に固定するなど、堅固に取付けましょう。

5. フィルターの清掃
フィルターは最後に洗浄を必ず行い、工事中についた汚れを除去します。

◎ 切断部：錆止め塗装するのがよい
ダクト端部の錆止め塗装

換気設備吸込口 ○
フィルターの汚れは清掃
吸込口（工事中に汚れたフィルター）

換気・ダクト　天井点検口

03 点検口の内部の納まり
点検方向の明示やダンパーの動作確認方法

天井点検口は、ダンパーの動作に必要なスペースの確保、点検項目リストの貼付けに注意します。

ダンパーが、天井下地にぶつかり閉止できない　／　ダンパーが、スラブにあたり閉止できない

ダンパーが動作しない例　　ダンパーが動作しない例

ダンパー設置方法の検討不足事例

1．動作の確認
上の写真は、ファイヤーダンパー（＊1）が閉止できない施工不良の例です。動作寸法を把握してこうした事故を防ぐように注意します。

2．天井点検口
天井内部のダクトに取付けのファイヤーダンパーや配管の掃除口、電気のプルボックスなど、点検すべき項目や位置を点検口蓋の裏側に示すとよいでしょう。

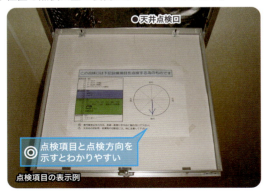

○天井点検口

◎点検項目と点検方向を示すとわかりやすい

点検項目の表示例

3．施工前の確認事項
ファイヤーダンパーは、温度ヒューズの溶解で閉じると

きに障害がないか、配管の掃除口は清掃が容易な位置にあるか、電気のプルボックスなどは点検に支障が起きないか、事前にチェックします。

＊1　ファイヤーダンパー

防火ダンパーのこと。ダクトが防火区画を貫通する場所に取付け、ダクト内の温度が上昇したとき、ヒューズの溶解で自動的に閉鎖する。鋼板製で板厚は1.5mm以上が必要。
風量を調整するものを、ボリュームダンパー（VD）・空気の逆流を防止するものをチャッキダンパー（CD）・防火と風量調整を併せもつものをファイヤーボリュームダンパー（FVD）といい図面表記はカッコ内の略号で表す。防火だけであればFDと表記される。

換気・ダクト　レンジフードファン

04 換気が引き起こす空気抵抗
レンジフードファンの施工 ①

レンジフードファンは試運転で静圧で室内に生じる影響を確認します。

レンジフードファンの内部

1. 排気量の確認
レンジフードファンは試運転と風量測定を行います。試運転では弱運転で逆止ダンパーが開くか確認します。4階以上の階では、風圧によるダンパーの開閉で耳障りな音の発生（＊1）もあります。

2. 玄関扉とファン静圧
レンジフードファンの静圧（＊2）が高いと、吸込み圧力で玄関扉が重くなり、子どもでは開けられないほどになります。室内外の圧力差を算出して決めますが、玄関の扉1枚にかかる重力は、概ね9～10kg以下が適当です（＊3）。静圧を安易に高く設定すると、隙間から空気を吸い、風切り音（＊4）が発生します。

3. 試運転後の清掃

グリスフィルター●
工事中に埃がついた事例

工事中の埃を吸って油受けや羽部分が汚れている場合があるので、試運転後の清掃も忘れないようにします。

＊1 ダンパーの開閉音
排気口が風通しのよい部分や、上部が開放されている部分に面する4階以上の階となる場合は、風圧によってダンパーの開閉が起こり、ばたつきの金属音がする場合がある。
電動ダンパーの設置することで防げる。

＊2 静圧
圧力計で計測できる圧縮エネルギーのこと。押し出す力を指す。ほかに運動エネルギーを指す動圧があり、静圧と動圧を合わせたものを全圧という。

＊3 扉にかかる重力
ドア開放力（N）＝ドア面積(m²)×室内外圧力差（⊿P・pa)/2＋玄関扉の初期値（N）で検証するとよい。
式は、給気面積と通過風量の関係式より、扉にかかる重力を求めるもの。排気風量にもよるが、この計算で、室内外圧力差を60～70pa程度とすると、開放力は9kgf/cm以下となる。（株）ユニックス換気設備総合カタログ・2015.08版より引用）

＊4 風切り音
サッシの遮音性能が高くなるほど、給気不足となり風切り音が発生する。機械給気や同時給排気のレンジフードファンが対策として有効。

換気・ダクト　レンジフードファン

05 排気ダクトの断熱
レンジフードファンの施工 ②

レンジフードファンの排気ダクトは不燃材を巻きつけて断熱します。

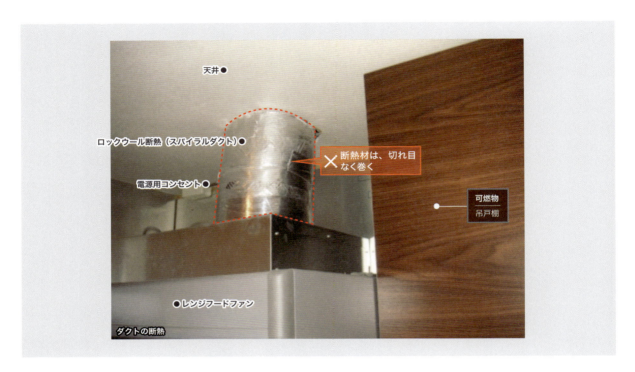

ダクトの断熱

1. 排気ダクトの断熱
火気使用場所の排気ダクトに断熱が必要な場合（＊1）、断熱材は切れ目がないように巻きます。特に隠れる部分の施工忘れに注意します。

レンジフードファンと鉄フレキの接続

2. 断熱材
断熱材には、特定不燃材（＊2）の50mmの厚みのロックウール、もしくは同等の認定材を使用します。

3. 貫通箇所に注意
天井、壁を貫通するダクトは可燃物から一定の距離を取って施工します（＊3）。断熱材を下地施工前に取付け、貫通部の断熱に隙間をつくらないようにします。

＊1　火気使用場所の断熱
レンジフードのダクトは調理時に火災発生の危険性があり、可燃物への延焼防止で、ロックウール等の不燃材で断熱施工するという消防法の規定がある。

＊2　特定不燃材
ロックウール保温材、グラスウール保温材（JIS A9504、不燃認定）、けい酸カルシューム保温材（JIS A9510）に適合するもの、もしくは同等の遮熱性、耐久性を有する不燃材料で、その厚さを50mm以上とするもの。

＊3　可燃物との離隔
排気ダクトは可燃性の部分から10cm以上の距離を保っていること。ただし、金属以外の特定不燃材料で隙間なく被覆した部分については10cm未満とできる。

換気・ダクト　レンジフードファン

06 取合い部の施工順序
レンジフードファンの施工 ③

レンジフードファンの排気ダクトは、建築の断熱施工の前に断熱材を施工します。

ロックウール断熱材●
断熱材、ウレタン吹付け●
ウレタン施工前に貫通部とダクトを二重に断熱施工
ダクトの断熱・先に断熱材施工の事例（壁際の盛り上がり部分）

1. レンジフードファンのダクト

レンジフードファンは火気使用場所なので、排気ダクトには、可燃性のあるウレタン断熱材の付着は厳禁です。下の写真は手順を誤った例で、ダクト火災で引火の危険があります。取合う箇所は事前に断熱材を施工し、ウレタン吹付けと縁を切ります。

●断熱材、ウレタン吹付
一般排気のダクト
レンジフードのダクト
吹付け前に不燃材を先に施工（＊2）
断熱材先行施工の事例

ダクトの不燃材断熱前にウレタンを吹付けた例
周囲の断熱材を除去、ダクト周囲の不燃材のやり直しが必要
誤った手順の例

> ＊1 ウレタン断熱材
> ウレタンは不燃材ではないので、施工中および施工後の火気取扱いは厳禁（p.122 ＊1 参照）。

2. ウレタン吹付け前の養生

ウレタン断熱材（＊1）の吹付けに際しては、事前に設備機材へ養生を行い、ウレタンが機器・ダクト・配管・配線類に付着しないように養生をします。

換気・ダクト　排気計画

07 換気設備の排気場所
排気による臭い・騒音への配慮

(1) レンジフードファンの排気や、浴室・トイレの排気は、場所に応じた排気対策が必要です。

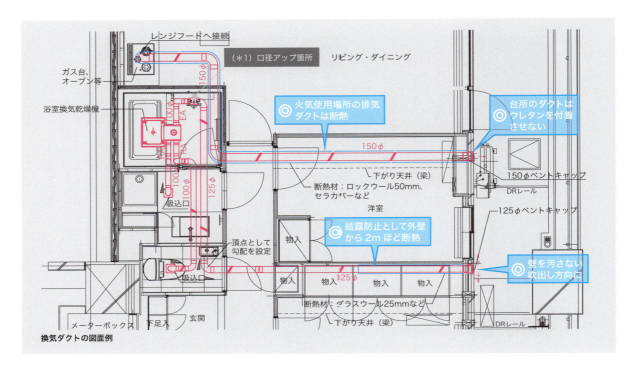

換気ダクトの図面例

1. 排気計画

① 排気を出す場所
排気の臭いや水蒸気を考慮して、クレームにならない位置を選びます。

② ダクトの口径
ベントキャップの風切り音を防ぐには、ダクト径を機器接続口径よりサイズアップすることでも軽減できます。ダクトの抵抗値合計が、ファンの静圧を上回る場合もダクト口径のアップ（＊1）で対応します。

ダクト口径アップの例

③ ダクトの継手部分
リーク（＊2）の防止として、ブチルゴムテープ（＊3）を巻きつける場合が多いです。火気仕様のダクトはブチルゴムテープを耐熱性にしますが、消防の指導で、耐熱性ブチルの使用が認められない場合には、接着剤で継手を密閉します。

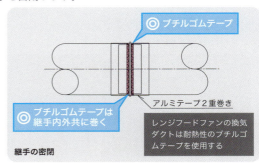

継手の密閉

＊1 ダクトの口径
口径はダクトの直管、エルボなどの継手、排気口、外部風速など抵抗を基準として決める。抵抗を下げるためには口径アップが有効。

＊2 リーク
ダクトから空気が漏れること。

＊3 ブチルゴムテープ
ブチルゴムは、天然ゴムや他の合成ゴムと比較して空気を通しにくい性質をもっている。テープ状の製品をダクト継手部分の気密に使用する。

（2）排気方向の対面に壁や柱があると、換気機器の運転音が反響し騒音となります。

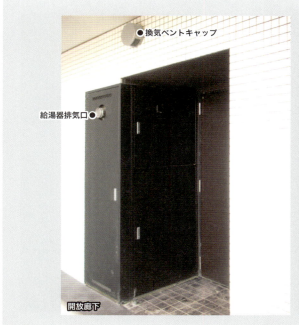

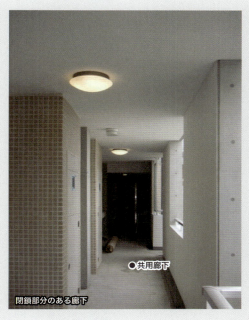

1．排気場所で排気音が反響

① 外部廊下での反響
排気口の対面、または近くに壁がある場合は、排気音が壁に当たることで反響して騒音が増幅され、クレームが発生します。

② 歩行動線の下方向には、排気を向けない
排気が人に当たると不快なので、人が歩く方向へ排気を向けないようにします。

③ 換気機器から吹出口までの距離が短い場合
換気機器とベントキャップ（p.126）などの排気口の距離が短い場合も、ファン運転音が排気口から直接漏れ騒音になるので、できるだけ離して設置します。

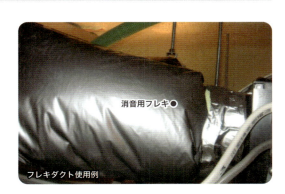

④ 騒音の対策
排気ダクトと排気口までの距離が短い場合は、消音ダクト（耐水性のある製品）で接続します。ダクト延長が長い場合は、ダクト口径をサイズアップして風速を遅くすると、騒音対策に有効です。

換気・ダクト　ベントキャップ

08 結露水・油脂を落下させない
用途に合わせたベントキャップ形状の選択

ベントキャップの選定は、油や結露水の落下を防ぐ形状を選びます。雨がかかる場所では横からの吹込みに注意します。

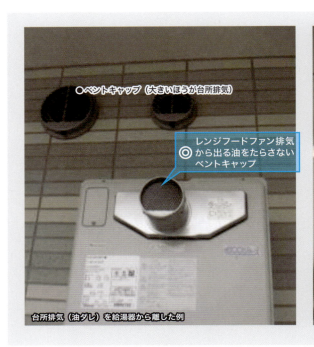

台所排気（油ダレ）を給湯器から離した例

玄関上部の結露受け付きベントキャップ

1. 吹出し方向
ベントキャップ（＊1）の吹出し方向は、歩行者に直接風が当たらない方向にするのが基本です。

2. 壁への影響
ベントキャップの吹出し方向を壁に向けると、排気で汚れが壁に付着します。吹出し方向は、障害物のない方へ方向羽を向けます。

3. 結露水、油脂分
結露には、結露受けのあるベントキャップ、油脂分を含む排気は油受けのあるベントキャップを用い、栓付きで清掃に配慮します。

4. 油脂分を含む排気と、給湯器
吹出口は、油や結露水の落下で給湯器などが汚れない位置に設置します。

＊1　ベントキャップ
外壁に設ける給気・排気の開口部に取付ける部材。海岸に近い場所では、塩害に強い材質など、設置場所応じた材質を選定する。

換気・ダクト　屋上排気

09 屋上排気ダクトの施工
防水、積雪、腐食対策

屋上部分へ排気ダクトを出す場合は、積雪高さ・暴風雨時の吹込み・防水などに配慮をして排出方法を決めます。

屋上へ排気の事例

1．排気ダクトは点検の容易な箇所へ設置
住宅の排気は、その住戸のバルコニーや廊下など、点検が容易にできる場所とし、外部からベントキャップの点検を可能にします。

2．屋上などへ排気ダクトを出す場合
暴風雨の吹返しがあっても、換気機器の結露水抜きで排出できるようにします。降雪にも留意し、雪が排気口を塞がない位置まで立上げます。

3．防水継手と、防水材料の巻上げの確認
施工後は手を差込み、巻上げた防水材料が、防水継手本体に固定されているかを全数確認します。

4．腐食しない材料を選ぶ
屋外露出ダクトは、シームレスで肉厚のステンレスなど腐食に強いものを選定します。

換気・ダクト　防振・防音

10 ファンの騒音・振動対策
屋上設置機器のファン運転時騒音と振動

ファンの設置は、振動、騒音と吹出口からの風切り騒音に対策が必要です。

排気の吹出しを安易に施工すると、騒音振動で苦情につながる。機器と排気口が近接の場合も、臭気でクレームとなる例が多い

キャンバス継手をつけ、ファン振動をダクトに伝えないようにする

●排気用ファン

別の機器の防振架台●

深型フード●

防振架台●

ファンなど、振動や騒音の発生する機器は設置場所、方法に注意する

屋上設置の排気ファン

1. 屋上設置機器の振動防止
屋上に機器を設置するときは、機器の振動がほかに伝播しないよう防振架台に設置します。振動が少ない機器は、防振パッド上に設置するだけでもよいです。

2. 排気口の騒音
上の写真のように、既製品の深型フードなど、面積が小さい排気口部材を使用すると排気風速が早くなり、風切り音が発生してしまいます。
風切り音を防ぐには排気口を大きくするのがよく、ほかにはサイレンサーの取付けも効果があります。

3. 給排気の風速
給排気口の面積が小さいほど、吸込み風速が早まり、雨を吸込み、吹出口へ漏れる場合があります。
吸込み風速は2m/sec付近を、排気風速は3m/sec付近を目安とします。

4. アンカーボルトは、躯体の鉄筋に触れない
機器の振動がアンカーボルトから伝播することもあります。アンカーボルトを躯体や基礎の鉄筋に結束したり、接触させないようにします。

サイレンサー取付けのファン

換気・ダクト　屋上配管

11 ショートサーキットの予防
給排気ファンの吹出し風速と騒音

給排気ファンの設置時は、送風機の騒音やショートサーキットに注意します。

屋外用消音カバー●
●排気ダクト
●点検扉　　●排気用送風機
●防振架台
屋上設置の排気ファン

1．送風機での給排気
ファンを屋上に設置する場合は、夜間など騒音の少ない時間もクレームにならない運転音とします。運転音が大きいなら、ファン本体を上の写真のように消音ボックス内に設置します。

2．ショートサーキット
換気におけるショートサーキットとは、吸排気口の近接が原因で、吹出した空気を即、吸込んでしまうことで、新鮮な空気による換気ができない状態を言います。対策として、吸気口と排気口を離す・方向を変えるなど、互いの設置位置に留意します。

3．給気口・排気口の設置場所
給気口・排気口は積雪時に雪で埋まらない高さとします。

4．給気の結露
導入空気の温度と室温の温度差で、室内の吹出し口に結露することもあります。結露（＊1）防止には制気口に結露防止型（p.138）を使用します。

●排気ファン
●給気ファン
◎ショートサーキット防止で、給気、排気は近接させないようにする
屋上設置の給気と排気のファン

> **＊1　結露（露点温度）**
> 大気中の空気には水分が含まれており、空気の温度が下がると水分量の割合が多くなり、やがて結露する。冷えたグラスの外側が曇り水滴となる状況も結露で、グラス表面が空気の露点温度であるため、空気中の水分が水滴となる。
> 建物の部分が冷えており、そこが空気の露点であれば、結露が発生する。ある条件下において、結露が始まる温度を露点温度という。

換気・ダクト　臭気防止

12 内部廊下の臭気防止
正圧に保ち、臭気を出さない

廊下側が負圧になってしまうと、居住部分の臭気が廊下に流出します。

中廊下と換気口

1. 換気方式（＊1）
内部廊下の換気設備は、第一種換気設備とし、給排気のバランスに留意して、共用廊下内に他の空気の流入がないようにします。

2. 給排気のバランス
内部廊下の換気設備は、給気量を多く、排気量を少なくして、廊下側を正圧に保ちます。廊下側が正圧なら、住戸の扉を開けても、調理臭や喫煙臭が漏れてきません。

＊1　換気方式
第一種換気方式：給気排気とも機械（ファン）で行う方式
第二種換気方式：機械（ファン）で給気し、排気口などから自然排気する方式
第三種換気方式：給気口などから自然吸気し、機械（ファン）で排気する方式。
自然排気・給気では機械の稼働によって所定の換気が行われる

8 エアコン

エアコン設置で注意すべき配管方法を図面例をもとに説明します。エアコンはあらかじめ設置しておく場合と、将来の設置を可能にしておく場合がありますが、特に将来対応で注意すべき点について述べます。
また、エアコン施工ではドレン配管の勾配が重要です。勾配を確保し試運転で正常な運転ができるかを確認します。ドレン排出の方法例やドレン管の接続方法も確認します。

エアコン　冷媒管・ドレン配管

01 エアコン配管設計の例
冷媒管、ドレン管、連絡配線の想定

エアコンの設置は室外機の空気取入れの条件やドレン配管・室内・室外機の連絡配線などに留意して行います。

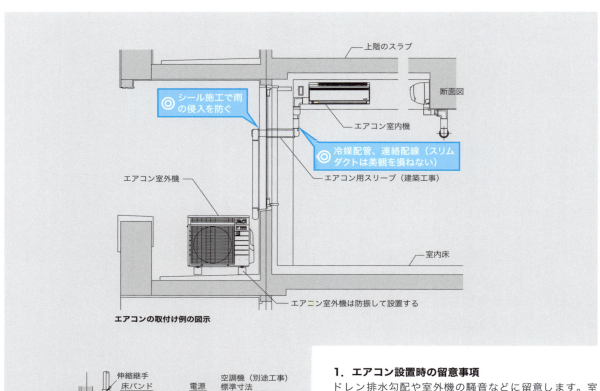

エアコンの取付け例の図示

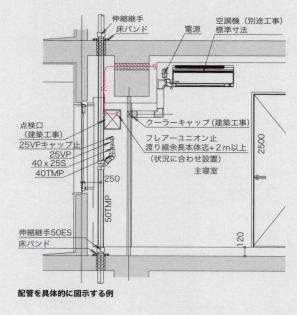

配管を具体的に図示する例

1. エアコン設置時の留意事項
ドレン排水勾配や室外機の騒音などに留意します。室外機は架台に防振して設置します。

2. エアコンを設置せず、冷媒管だけ用意しておく場合
設置後を想定し、配管が美観上・性能上問題ないかを図面で確認し、外部にあっては雨の浸入などへの留意をしておきます。
冷媒管敷設の状況ごとに、仕舞いをどうするかを考えましょう。写真は、冷媒管用ダクトの端部を塞いである例です。

端部を塞いだ例

エアコン　試運転

02 エアコン設置後の試運転
ドレン排出のテストと吹出し空気温度計測

エアコンの試運転では、特にドレン排水を入念にチェックします。

排水の試験の道具例

◎ 水をドレンパンに注ぎ、排水状況を確認

ドレン排水の試験

1．試運転
エアコンの試運転においては、①温度確認、②羽の動作確認、③排水確認を行います。

2．ドレン排水のテスト
エアコンのドレン排水は、実際に水を流すテストによって、排水先に試験用の水が流れ出ることを確認します。ドレンアップメカ（＊1）を有する機種は、ポンプの動作確認も重要です。

3．ドレン管の結露
エアコンのドレン管には結露や不具合（＊2）のクレームが多く、必ず保温を行います。使用場所によっては保温付き塩ビ管などを使用するのも工程短縮にはよいでしょう。ドレン管の防露、断熱は隙間がないよう施工します。

4．吹出口の（羽）動作確認
停止時は、吹出口が閉止状態にあり、可動状態で開く状態となるエアコンについては、稼働時の羽に、ドアなどが開けた場合にぶつからないように空間を確保します。

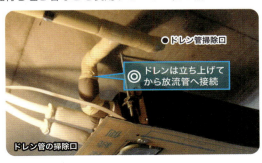

○ドレン管掃除口

◎ ドレンは立ち上げてから放流管へ接続

ドレン管の掃除口

× ドレン管の断熱に切れ目があると結露する

断熱の不良

＊1　ドレンアップメカ
ドレン排水をエアコンより上部に排出させるポンプをもつ機能のこと。ポンプを連動させてエアコンのドレン排水を行う。

＊2　ドレン管の不具合
竣工後、エアコンを稼動させてから顕著になる"ドレン排出の不具合"のクレームは意外と多い。排水勾配が不完全で漏水したり、保温が不完全で結露が起こり、カビの発生をもたらしたり、なかにはドレン管が途中で寸断されていたなど予想外の事態もある。必ず全数を試験すること。

エアコン　冷媒管・ドレン配管

03 エアコンのドレン排水の排出
円滑なドレン排出

クーラースリーブとエアコンの配管が平行になるときは、ドレン接続口を低めに設定し、落差で排水をスムーズにします。

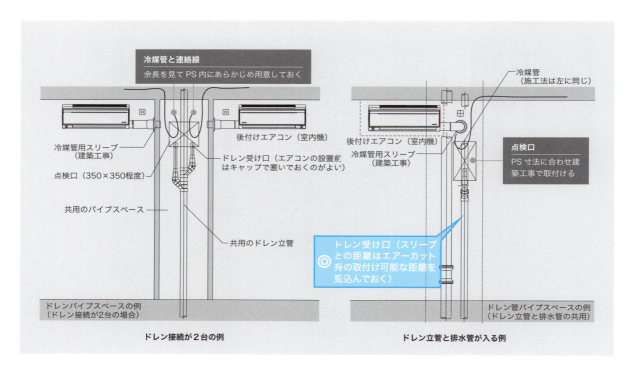

ドレン接続が2台の例　　　　ドレン立管と排水管が入る例

1．エアコン設置の基本
エアコンは室内機・室外機とも、据付けに要するスペースが決まっています。機種ごとの制約を守り、室外機は開放された場所に置きます。配管の高低差、冷媒配管の延長距離が能力ごとに決まっており、条件に従った取付けを行います。

2．クーラースリーブとエアコン配管が平行になる場合
ドレン勾配に注意して、逆勾配にならないよう注意します。円滑な排水ができないとドレンパンの腐食や溜ったドレンにカビが発生し、やがて漏水する原因となります。長すぎるドレンホースはたるむことが多く、ドレンホースが原因の漏水も多いです。

エアコンよりスリーブを下げた例

スリーブを直にする例

エアコン　室外機

04 室外機設置時の騒音・排水対策
エアーカットバルブ、室外機ドレン管

室外機の騒音・ドレン排水への対処を忘れてはいけません。

エアーカットバルブでファン稼働時の空気吸い込みを防ぐ
●エアコン室外機
●ドレンレール
●室外機ドレン管
エアーカットバルブの設置例

1．エアーカットバルブの異音
クーラーのドレン管にエアーカットバルブ（＊1）を取付けると、排気ファン稼働時、ドレン管からのポコポコという異音（＊2）を防げます。

2．室外機の設置
エアコンの室外機は、バルコニーや廊下などで点検が容易にできる風通しのよい場所で架台と防振（＊3）ゴムを用いて設置します。

●エアコン室外機
●防振ゴム
エアコン架台の防振例

3．室外機のドレン排水
ヒートポンプエアコンでは、冬季運転で室外機にドレン排水が発生します。室内機のドレン排水に加え室外機のドレン排水も配管します。

4．室外機の位置（＊3）
設置した室外機は転落事故の恐れが生じないか検討し、万全な対応を考えます。

＊1　エアーカットバルブ
空気の逆流を止める部材。エアコンのドレンパイプからの空気吸込みを防ぐために取付ける。エアコンのドレンには室内のホコリも含まれており、これがバルブへ付着するので、適宜清掃や状態確認が必要。

＊2　異音
排気ファンの稼働時に、ドレン管が空気の吸込み経路となり、夏場はエアコン室内機のドレンパンに水が残っており、ドレンパイプから入る空気が、パンの水を吸上げてこれが異音となる。エアーカットバルブの設置で予防できる。

＊3　室外機の設置
ヒートポンプ冷暖房機の内燃機関の位置及び構造は、次に掲げる基準によらなければならない。
1．容易に点検することができる位置に設けること
2．防振のための措置を講じた床上、又は台上に設けること
（東京都火災予防条例、第6条の3）
他にも、配管の腐食がないこと、室外機周囲の温度上昇などの規定が示されている。
同様の規定が他の自治体の火災予防条例にも見られる。

エアコン　先行配管

05 集合住宅中部屋のエアコン設置
後付けエアコンの冷媒管、ドレン管、連絡配線の想定

外部に面さない集合住宅などの中部屋でエアコンの後付けを想定するときは、あらかじめ冷媒管・室内外機の連絡線を用意します。

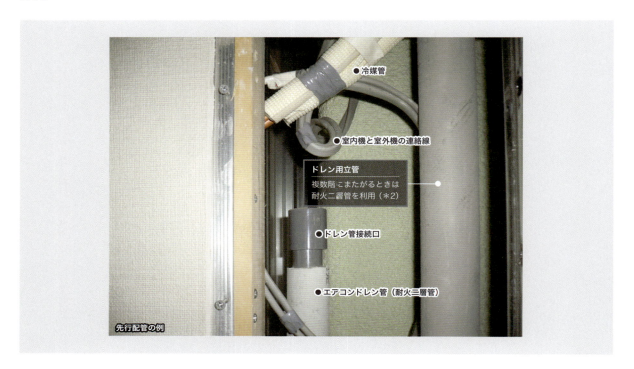

先行配管の例

1. 先行配管
先行の冷媒管の口径は、設置する部屋のエアコンに見合うものを選びます。
ドレン管は、エアコンの排水口径以上のものとし、管を共用する場合、ドレン受け口にキャップを取付けて、空気の流通がないようにします。

2. ドレン管接続口
ドレン排水が円滑に流れる位置に決めます。

3. クーラースリーブの位置決め
排水勾配が確保できる位置に、クーラースリーブ、ドレン管を配置します。

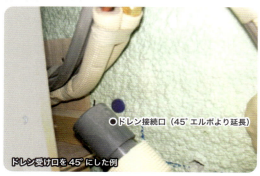

ドレン受け口を45°にした例

ドレン管の受け側配管を横引く場合は45°エルボ（＊1）を用い勾配をとると、排水の停滞を防ぐことができます。

＊1　45°エルボ
45°の角度をもつ継手。エアコンのドレン排水管は口径が小さいので排水用のDV継手ではなく、給水用のTS継手を使用する。

TS継手　　　DV継手　　（提供：㈱クボタケミックス）

＊2　耐火二層管のドレン配管利用
ドレン配管の立管が複数階にまたがるなら、耐火・防火規定に従った配管材を選定する。
耐火規定が適用されない管口径であるなら、ドレン管の材質は制限を受けることがないので、保温（ドレン排水は冷えた水）と排水時の流水音を遮音できればよい。
耐火二層管は、区画貫通の認定も受け、外管の材質が遮音と防露の性能を併せもつので利用される。

エアコン　先行配管

06 竣工後のエアコン設置
取付け位置とドレン排出方法

エアコンの後付けはドレン排水が円滑で、支障なく冷媒配管が接続できる位置を選びます。ドレン管の接続は、排水勾配を確保します。

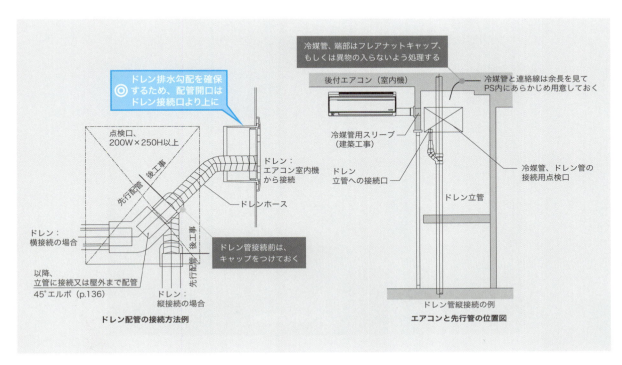

1. ドレンの排水勾配
エアコンを後付けする場合は、ドレン排水の勾配が容易に確保できる位置に接続口を用意しておきます。

2. 冷媒管の接続
エアコンの冷媒管を先行して配管する場合は、接続作業に必要な長さに加え、幾分かの余長をとっておくのが望ましいでしょう。先行冷媒管は管内に異物が入らないよう、端部に継手を付けて塞いでおくか、管端をつぶしておきます。

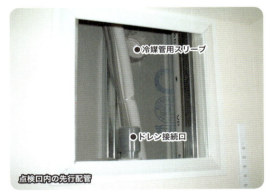

点検口内の先行配管

先行管とスリーブの不具合

エアコン　結露対策

07 吹出し口の結露
エントランス、風除室、トランクルームは結露に注意

風除室の空調機は、吹出し口部分に結露が発生することが多く、注意が必要です。

1．風除室の冷房
風除室の冷房は吹出し口部分に結露の恐れがあるので避けるべきですが、やむをえず設置する場合は、結露防止型（＊1）の吹出し口を選びます。
エントランス付近では、外部の空気に触れない位置に空調機の吹出し口を設置する配慮が必要です。

2．風除室は自然換気
風除室の換気は、人の出入りで空気流入・流出が生じるので、換気設備は不要です。

3．トランクルームなど仕切りが多い部屋
閉鎖されたトランクルームに設置したエアコンは、結露が発生しやすい場所です。露点温度（p.129 ＊1）に達した部分は必ず結露が起こるので、結露対策として除湿機の設置も検討します。

4．機器の運転方法
除湿機や換気ファンの運転は、室内の相対湿度で運転方式を変えるとよいでしょう。湿度が高ければ除湿機を運転し、湿度が低ければファンで換気します。
共用部の空調では、日および発停時間の設定が可能な機器を選びます。

＊1　結露防止型
制気口（吹出し口）の枠に樹脂製のカバーを取付け結露防止とするものや、制気口本体にヒーターを取付け、本体を温めて結露防止を図るなどの既製品がある。

9 遮音壁

集合住宅では上下階の騒音がクレームにならないことは言うまでもありませんが、同一住戸においても、水回りの騒音が漏れるのは好ましくありません。そこで設けられるのが遮音対策の壁です。住戸内には配管やダクト電気のケーブル類が多数あります。これらの貫通で遮音性能を損なわないため、どうすべきか、その方法例を見ます。

遮音壁　ダクト・配管貫通

01 遮音壁の穴は塞ぐ
壁貫通の隙間をつくらない

浴室・トイレ・台所などの生活音を居室へ伝播させないよう、配管・ダクト・電線ケーブル類の貫通箇所を密閉します。

1. ダクトや配管の隙間を塞ぐ

① 遮音壁の貫通
遮音必要箇所の貫通部は、音の伝播が生じないようにグラスウールなどの繊維系材料を充填し、貫通部を密閉します。

② 密閉の方法
写真上は、遮音壁の密閉施工が未完了、下は密閉完了の状態です。グラスウールなどを充填したのちに周囲を目張りし、効果を損なわないようにします。

遮音壁とケーブル貫通

2. ケーブル貫通の隙間を塞ぐ
ケーブルの貫通本数が多いときは隙間を塞ぎます。

① 遮音壁の貫通
住宅の水まわりでは生活騒音が発生します。隣接する壁にはグラスウールや遮音シートを入れ、遮音壁としますが、隙間があると音の漏れが生じます。電気ケーブルを多数通過させる場合は、密閉性を損なわないよう気をつけます。

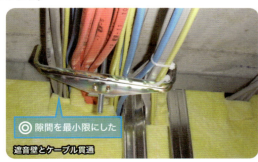

遮音壁とケーブル貫通

② ケーブルの保護（*2）
ケーブルが軽量形鋼の切断部や鋭利な部分に接すると、ビニル装部分の損傷が予想されるので、養生をします。養生材は、絶縁可能な材料や電線管とします。

*1 VVFケーブルの結束本数
VVFケーブルは住宅の配線によく利用される。導体許容温度は60℃。2mm-2芯、3芯のVVFケーブルに16Aの負荷電流を流した場合に、許容温度範囲に保つ放熱を妨げない本数として、実験より7条以内の結果が好ましい報告されている。

*2 ケーブルの保護
ケーブルはそれ自体が導体間を絶縁する構造なので、絶縁体に損傷を与え、絶縁が破壊する恐れがないようにする。
「重量物の圧力、機械的衝撃を受ける恐れがある個所に施設する電線には、適当な防護装置を設けること」（電技解釈164条二）に従い施工する。

遮音壁　電気ボックス

02 遮音壁の電気ボックス
電気ボックスからの音の通過防止

遮音壁に取付ける電気ボックスには遮音対策を行います。ボックスの空洞は、音の反響場所となりやすいからです。

1. 遮音壁の電気ボックス
遮音壁に取付けの電気ボックス類は、遮音シートを貼るなどして、音の通過を抑える施工がよいでしょう。

2. 遮音シートの大きさ
ボックスに貼る際、ボックスより50mm以上大きくることを目安とします。また、内部ではなく裏側に貼ります。
既製品の遮音ボックス（＊1）もあるので、場所に応じて使用します。

＊1　遮音ボックス
既製品の、遮音アウトレットボックス・遮音スイッチボックス・後付け遮音カバーや、耐火性能を有す製品がある。メーカーとしては、古河テクノマテリアル・未来工業・因幡電機産業、遮音シートメーカーは、日東紡・大建工業・三菱樹脂など。

10 分電盤・スイッチ・コンセント

住戸内のスイッチやコンセントの位置・高さなどを図面や住戸内の電気配線例で確認し、図面記号・凡例の見方や書き方を覚えます。
分電盤では、内部の機器類と設置ができる場所を理解します。スイッチやコンセントは種別を理解し、最適なものは何かを考えます。雨線内と雨線外、内線規程の文言の意味を知り、機器用の電源設置事例から扱い方も考えます。

分電盤・スイッチ・コンセント　配線計画

01 電気配線の設計
各種設備の設置位置方法の基本を決める

電線（＊1）の配線には電気配線図を理解し、現場の状況を確認します（＊4）。

引掛けシーリング取付け場所（天井内のボックス）

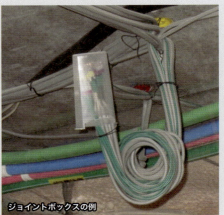
ジョイントボックスの例

1．引掛けシーリング
引掛けシーリング（＊2）とは、天井に設置し照明器具に電源を供給するソケットで、照明器具の重量を支える役割を兼ねています。

2．ジョイントボックス
内線規程により、ケーブル相互の接続はアウトレットボックス（＊3）またはジョイントボックスなどの内部で行うか、適当な接続ボックスを使用し接続部を露出させないとされています（内線規程3165-5）。VVFケーブル用ジョイントボックスとして、端子付きのものや写真例のような端子なしジョイントボックスがあります。

3．電線の太さ
電線の太さは、電流・電圧降下・許容電流・過電流保護器などの条件をもとに決めますが、簡便的に100V回路では、分岐ブレーカーから最初の受け口までを2.0mm、以降を1.6mmとしておけばよいです。
施工図には、配線器具の高さ、位置の明示を行い施工の誤りを防ぐようにします。

＊1　電線
強電流電気の伝送に使用する裸線、絶縁電線、コード、ケーブルなどで、内線規程に電線として、各種示されている。建築設備の分野では、絶縁電線とケーブルの使用が多い。ケーブルとは、電気導体を絶縁物で被覆し外側に保護するための外装で被覆した電線のこと。

＊2　引掛けシーリング
内線規程に引掛けシーリング・ローゼットの施設の規定がある。接続する器具の重さが5kgを超えるものは、ローゼットの電気的接続部に荷重が加わらないようにする。

＊3　アウトレットボックス
照明器具・コンセント・スイッチなどの取付け位置には、アウトレットボックス・コンクリートボックス・スイッチボックスなどを使用する（内線規程3110-9）とある。そのため電線やケーブルはボックス内で接続する。

＊4　図面理解の手引
下記参考図書が図面理解（配線図の記号など）の手引によい。

『電気工事基礎用語事典』

『配線器具入門改訂2版』

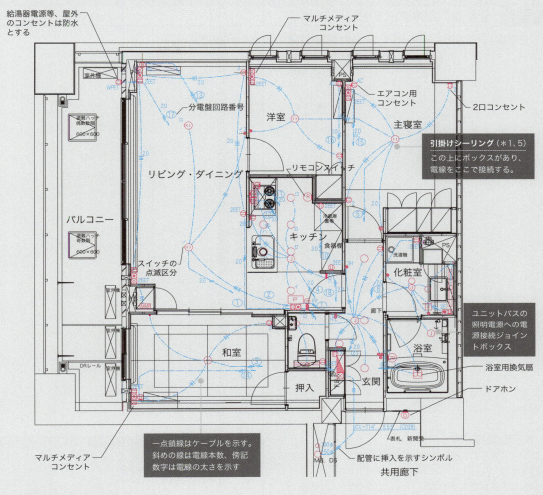

電気配線と図面記号

分電盤・スイッチ・コンセント　各戸分電盤

02 分電盤の基本
分電盤の設置場所と内部構造

（1）分電盤は設置場所に制約があり、内部の機器は契約形態で異なります。

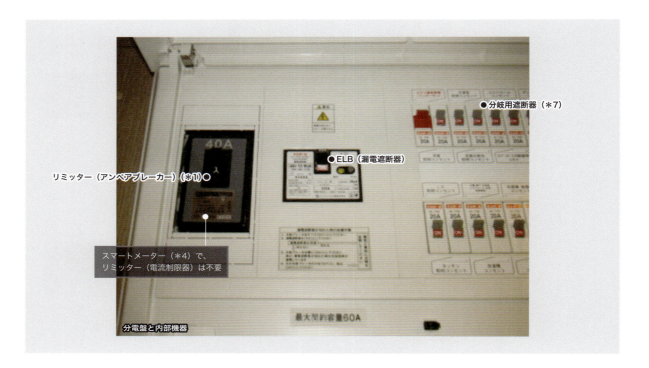

分電盤と内部機器

1．分電盤の設置場所
分電盤は、点検の容易な場所に設置します。トイレ・浴室をはじめ、専用のスペースが確保されていない戸棚内部・緊急時に容易に入れない場所には設置できません。

2．設置時の契約形態
竣工時は、リミッター契約が一般的です。契約容量は変更できるので、一般的な容量で契約します（＊1、2）。

3．最大使用容量の記載
使用可能な電気容量の最大を記載しておきます（＊3）。

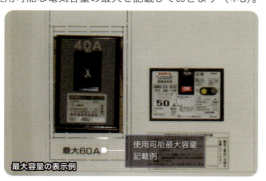

最大容量の表示例

＊1　リミッター
電流制限器で、アンペアブレーカー、サービスブレーカーともいわれる。電力会社と需要家の間で契約されたアンペア値を超えた場合に、電気の供給を自動的に止める装置。契約容量は 10、15、20、30、40、50、60A のアンペア別が簡単にわかるよう色が分かれている。同時にどれだけの電気機器を使用するかを想定し、契約アンペアを決める。

＊2　リミッターの変更
リミッター契約では、最大容量のリミッターまでなら無料で容量を変更してもらえる。集合住宅では、幹線や総電力容量から変更が制限される場合がある。呼び名は電力会社により異なる。

＊3　最大容量
電力の幹線は、1系統の幹線が複数住戸に対して供給するが、電力使用量を任意で増やしてしまうと、幹線の許容を超える恐れがある。そのため、最大で利用可能な容量を明示する。

＊4　スマートメーター
東京電力管内では、平成 27 年 8 月 24 日以前に電力購入の申し込みをした場合、アンペアブレーカー（リミッター）の設置をしないスマートメーターが取付けられことになった。スマートメーターの設定で電流制限がされ、負荷電流が設定値を超えると、内蔵開閉器が遮断し、遮断後 10 秒程度で自動復帰する。スマートメータの導入は、各電力会社により異なっている。

(2) 分電盤は、リミッター・ELB（漏電遮断器）・分岐用遮断器、アース用端子台などで構成されています。

分電盤内部の全体

1．分電盤内部の構成
住戸の分電盤は通常、リミッター・ELB・分岐用遮断器（ブレーカー）が納められています。

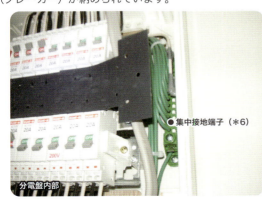

分電盤内部

2．分岐用遮断器の選定
分岐用遮断器はコード短絡用や、100/200V 切り替え可能なもの、感震器・雷保護なども必要に応じて適宜選定します。分岐用遮断器には 2P1E 遮断器・2P2E 遮断器（＊7）があります。
インターフォン用の分岐用遮断器は消防特例の有無にかかわらず、一次側の分岐とすると二次側の回路が遮断しても通話が可能になるので、場合に応じて検討するとよいでしょう。

3．集中接地端子
内線規程では、分電盤内部の配線に集中接地端子の施設が推奨されています（＊6）。

＊5　ELB
漏電遮断器の略称。漏電で電気を自動的に遮断する安全装置。雷などのショックで切れる場合もある。

＊6　集中接地端子
機械器具の外箱やコンセントの接地極に施す接地工事の接地線を接地端子に集中して接続し、接地極にいたる接地線を共用させる目的で施設する端子（内線規程による）
内線規程 1365-9 は、「住宅用分電盤の構造など」で、住宅用分電盤は JIS C 8328（2003）に適合するものを使用するように推奨し、あわせて、集中接地端子の施設も推奨している。

＊7　2P1E 遮断器・2P2E 遮断器
"P" は Pole（極）、"E" は Element（過電流引きはずし素子）のこと。
2P1E 遮断器：2 極品で 1 極に過電流引きはずし素子がないもの
2P2E 遮断器：2 極品で 2 極ともに過電流引きはずし素子があるもの
内線規定では中性線に過電流引きはずし素子はなくてもいいとの規定があります。よって、2P1E の遮断器は単 3 回路の分岐 110V（100V）回路に使用し、2P2E の遮断器は単 3 回路の分岐 220V（200V）回路と 110V（100V）回路とのどちらにも使用できます（三菱電機(www.mitsubishielectric.co.jp)に詳しい（2016 年 6 月現在））。

分電盤・スイッチ・コンセント　配置計画

03 設置高さの明示
用途ごとの適正な配置

(1) スイッチ類の高さ、配置の原則を決めて図示し、間違いを防ぎます。

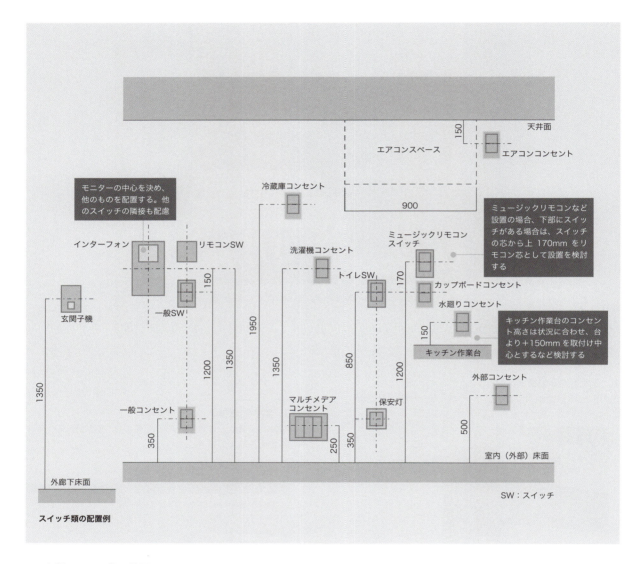

スイッチ類の配置例

1. 各種スイッチ類の位置

① スイッチコンセントは高さを明示
機器、スイッチ、コンセントは位置がわかる資料を一覧で示し、取付け位置の間違いがないようにします。

② 配置の順序
位置、高さはデザインにかかわるので、建築設計者の指示を受けましょう。図は、一例を示すものです。

③ 取付ける壁の仕様
壁材に突板などを使用し化粧する場合は、スイッチやコンセントのプレートの色が合わないので、必要不可欠なスイッチ、コンセント以外は化粧壁部分を避けて設置を検討します。

（2）大きさや形態の違うものも配置の原則を決めて図示し、間違いを防ぎます。

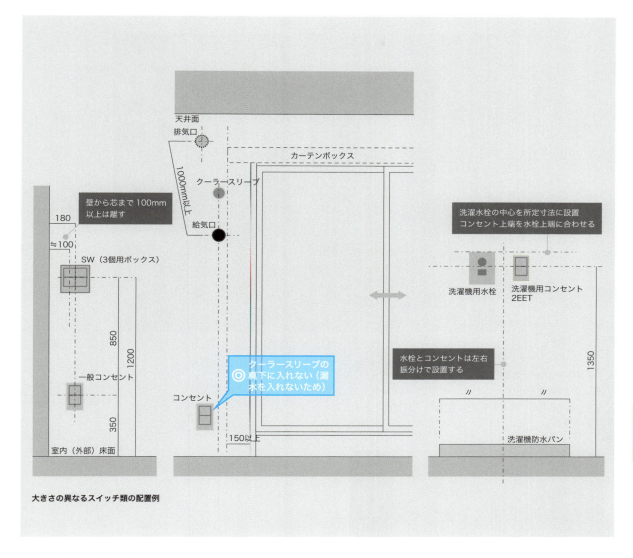

大きさの異なるスイッチ類の配置例

1. 設備工事との取り合い

① 建築と設備と電気の位置関係
設備と電気が取り合う場所の器具類は、取付けの高さや、設置する位置関係を明示するのがよいでしょう。

② コンセントとエアコンスリーブ
水漏れが生じたときの漏電事故を防ぐため、エアコンスリーブの下部に電気コンセントがないよう配置します。

分電盤・スイッチ・コンセント　配置計画

04 インターフォンとスイッチ類の整理
用途に適したスイッチの納め方

(1) インターフォンの周囲は、スイッチ類を集約して納めますが、多すぎると煩雑になります。

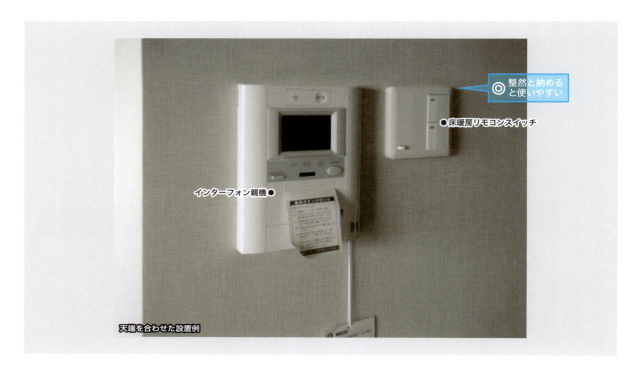

1. インターフォンまわり
配置により見栄えが変わるので、インターフォン、スイッチ、リモコンが集まる場所は展開図や配置関係を示す略図を作成し、事前に建築設計者の判断を受けておきましょう。

2. 狭い部分への集中
狭い部分への集中は、壁の内部での電源ケーブルと弱電ケーブルが接触しやすく、ケーブルの分離にも十分に注意を払うことが大切です。

（2）スイッチ個数が4個以上の場合では、点滅箇所がわかるように、名称を明記しましょう。

スイッチにネーム記入の例

表示灯付きスイッチ

1．位置表示灯や室名明記の配慮

① スイッチとネーム表示
スイッチを4個以上取付けるときは、室名など名称を明記します。

② 点滅の順序
スイッチの順序は、主照明を上にするなどの原則を決めて、配列するのがよいです。キッチンと居間、食堂が一体の部屋では、入り口側から点灯するなど、原則を決めて配列します。

③ スイッチのいろいろ
用途に応じた機能でスイッチを選びます。表示灯付きのスイッチを区別するときに、通称、点灯時に表示灯がつくものを ON ピカ、消灯でスイッチの位置を示す表示灯がつくものを OFF ピカと呼んでいます。廊下の端や中間のいずれでも点灯・点滅ができるものは3路・4路スイッチです。
換気扇などを遅延させて停止する遅延タイマー付きスイッチなどもあります。用途に応じ、選定を間違えないようにします。

2．位置表示、動作の確認、場所に応じたスイッチの選定

① クローゼットの照明スイッチ
クローゼット（ウォークイン・シューズインなど）のスイッチは、点灯したときの動作を示す動作確認灯付きが適します。

② ルーフバルコニー、専用庭の照明スイッチ
動作確認灯付きがよく、照明の消し忘れの防止ができます。

③ 廊下照明のスイッチ
位置表示灯（例：無点灯時に緑色点灯）付きが、暗がりでもスイッチを把握しやすく便利です。

④ スイッチの取付け
場所によりスイッチの表示灯が煩わしいこともあります。常時在室しない部屋には表示灯付きのスイッチは不要でしょう。クローゼットなどのスイッチは内部ではなく、外部につけることで、消し忘れの防止ができます。

分電盤・スイッチ・コンセント　各種コンセント

05 コンセントは目的に合わせて選ぶ
アース付きやマルチメディアコンセントなど各種コンセント

コンセントには、アース形状の違いや、複合用途が同一のプレートに収まるものなどがあります。写真は埋込み型ですが、コンセントには露出型もあります。

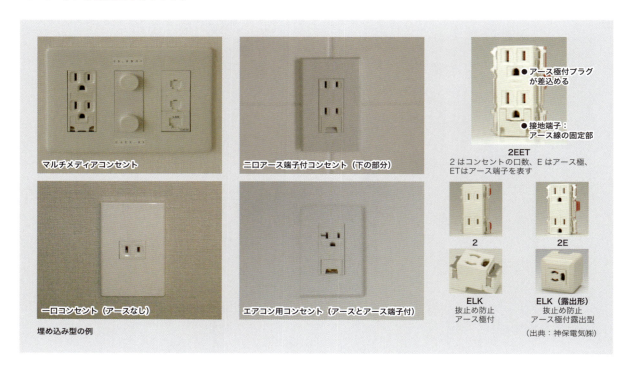

埋め込み型の例

1. コンセントやスイッチの選定
コンセントやスイッチは、使用される用途と設置場所に合わせ適当なものを選定します（＊2）。プレートは部屋のデザインや壁の色などを考慮し、デザイナーの意見を尊重して決めます。

2. マルチメディアコンセント
マルチメディアコンセントは、コンセントとテレビアウトレット、電話やLANのモジュラージャックが同一のボックス、同一のプレートに収めるものです。コンセントの形状もアース付きや、アース端子付き、アースなしがありますが、多様な機器への対応を可能にするには、アース付きコンセント（＊1）としておきます。

3. アース付き、アース端子付きコンセント
電子レンジ、冷蔵庫などのコンセントはアース付きとします。予備に一口追加しておくのがよいでしょう。

4. 廊下のコンセント
廊下のコンセントは、清掃用か、スタンド照明の電源か、用途、使い勝手により一口か、二口かを選びます。

5. エアコン用コンセント
エアコン用のコンセントは、部屋面積が広い場合（12畳以上）は100/200V併用コンセントとするのが適切です。この場合は分電盤のブレーカーも100/200Vの切り替えが可能なものとしておきます。

＊1　アース付きコンセントなどの施設

次に掲げるコンセントには接地極付きのコンセントを使用すること。洗濯機用コンセント、衣類乾燥機用コンセント、電子レンジ用コンセント、冷蔵庫用コンセント、食器洗い機用コンセント、冷暖房機用コンセント、温水洗浄式便座用コンセント、電気温水器用コンセント、自動販売機用コンセント。住宅に施設する200V用のコンセント、屋外や台所に施設するコンセント（内線規程 3202-3 抜粋）。

＊2　電気工事各種の技術基準の省令と解釈

下記参考図書に示されている。

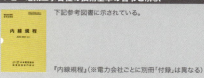

『内線規程』（※電力会社ごとに別冊「付録」は異なる）

分電盤・スイッチ・コンセント　屋外設置

06 屋外設置の共用コンセント
雨線内と雨線外、雨がかりとコンセント

屋外や、開放廊下に設置する共用コンセントは、雨のかからない場所（＊1）に設置するのが望ましいです。

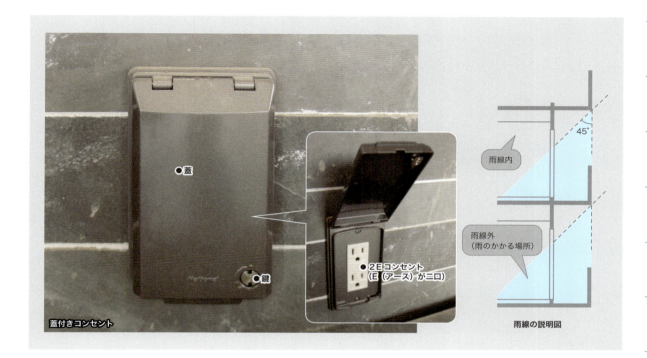

蓋付きコンセント　●蓋　●鍵
2Eコンセント（E（アース）が二口）
雨線の説明図　雨線内　雨線外（雨のかかる場所）

1．雨線内と雨線外（＊2）
雨線内とは、降雨時に雨がかりにならない部分を指します。雨線外とは、降雨時に雨がかかる部分をいいます。

2．共用部のコンセント
漏電事故を防ぐために、できる限り、雨がかり部分の設置は避けます。雨線内の場所を第一に選定し、設置場所を決めます。

3．コンセントの形状
多数の出入りする共用部は、場所によっては、コンセントに蓋があり鍵のついたものも検討しましょう。

4．コンセントの種別
コンセントは、2EETのものが望ましいです。2は数で、二口を示し、Eはアース付きで、ETはアース端子を表わします。共用部コンセントは、いずれのアース形態の使用もできるようにするのがよいでしょう。

＊1　コンセントの雨線外施設
コンセントを雨線外に施設する場合は、取付け高さを地上又は床面から30cm以上とすること。適当な防水箱の内部に収めるか、又は防雨形であること(内線規程3202-2 ⑥)

＊2　内線規程の用語
内線規程の最初の章は、用語の意義を記述しています。内線規程についての説明で、不明な用語があったなら、この章を参照。

分電盤・スイッチ・コンセント　予備電源

07 将来用のコンセント
予備電源の納め方

オプション機器、将来対応機器の電源は、絶縁試験が容易にできる位置に予備電源を明示しておきます。

棚板を外すと予備電源がある
◎コンセントは必ず固定（＊1）

1. 予備電源設置の留意事項

オーブンや食器洗浄機を将来的に設置する場合、電源は機器に隠れてしまわない位置にコンセントで用意します。

●ガスコック（＊2）
VVFケーブルとアース線●
✕きれいに清掃して引き渡す
◎コンセントは、点検しやすい個所に設置
将来用のガスオーブンのためのコックと電源

2. 予備電源用のコンセント

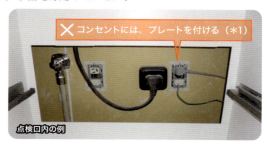
✕コンセントには、プレートを付ける（＊1）
点検口内の例

システムキッチンでは、コンセントが移動できるよう、露出コンセントを設置し、コンセントがある旨の明示をします。予備用の使わないコンセントは、ブレーカーを必ず「断」にしておきます。

3. コンセントと電源ケーブル

コンセントは抜止め露出型とし、キャップを付けるなど、埃の付着にも配慮するとよいでしょう。電源ケーブルは、どこに移動してもよいように余長をもたせますが、コンセントは固定しておきます。

＊1　コンセントの固定
露出型のコンセントは、柱などの耐久性にある造営材に堅固に取付けること。コンセントを造営材に埋込む場合は、金属製又は難燃性絶縁物のボックスに収めて施設すること。（内線規程 3202-2）

＊2　ガスせんの構造
3階以上の階を共同住宅の用途に供する建築物の住戸に設けるガスの配管設備の基準（S56建告示第1099、S62建告第1925）により、ガスせん、器具に接続する管の基準が示されている。

11 ケーブル配線・配管

躯体へ電線管を打込む場合の注意事項を、コンクリート打設前を例に要点を簡単に示しています。隠れてしまう配管やスリーブなどの施工は、施工の記録写真の作成例も解説します。

ケーブル配線では、断熱材の付着が絶縁性を低下させると事故を引き起こします。ケーブル類の結束本数は許容電流の低下に、ケーブル外皮の損傷は絶縁性能の低下を招くので、電線の接続や配線は内線規程に従って施工します。

ケーブル配線・配管　支持・結束

01 VVFケーブルの施工例
許容電流と結束本数

VVFケーブルが集中するときは、少ない本数で結束し配線します。

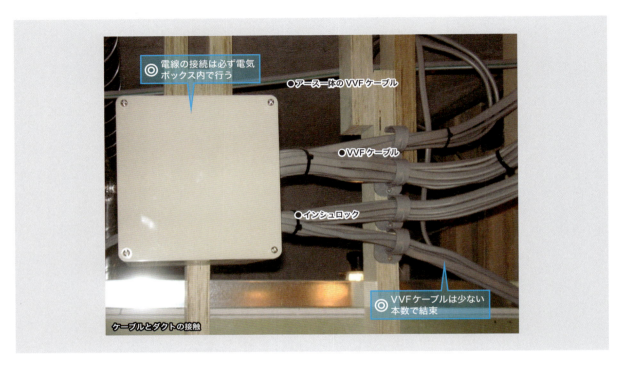

1. 住宅の電気配線
住宅の電気配線には、一般的にVVFケーブルがよく使用されます。アース線が一体になっているケーブルには、その外皮に緑色線の表示がされています。

2. ケーブルの支持
ケーブルの支持は、ケーブルハンガーなど専用の部材を用い整然と施工します。ケーブルの結束本数を多くすると熱がこもり、許容電流減少の原因となります。

3. ケーブルの結束本数の目安、ケーブルの接続
ケーブルの結束本数は7本程度までとし、あまり固く結束しないようにしましょう。ケーブルは、インシュロッ

ク・ケーブルハンガーなどの支持部材を用い、規則性をもたせると美観的にも優れた施工となります。ケーブルに限らず、電線の接続は、同種、異種電線を問わず、ボックス内で接続します。
支持や固定（＊1）に際しては、接触禁止の部材との離隔に注意します。

＊1　ケーブルの固定
ビニルテープは耐用年数が短く、劣化するのが早いため、ビニルテープでのケーブル固定、結束は避け、バインド線などを使用する。

ケーブル配線・配管　ユニットケーブル

02 ユニットケーブルと省力化
予備線の取出しと、ボックス付近

ユニットケーブル方式を採用すると、現場施工の省力化が図れます。

ユニットケーブルの施工例
- 予備の取出し線
- インシュロック使用の結束
- ユニットケーブル（モールドした部分でケーブルを結線）
- ケーブルハンガー

1. ユニットケーブルとは
ユニットケーブルとは、工場で事前に電気配線を一体的に製作し、現場に搬入する製品です。
同じ間取りが多い集合住宅では、配線を事前に工場で製作すると、現場ではスイッチやコンセント、照明器具へ結線するだけでよいので、省力化が図れます。

2. ユニットケーブルの設置位置
モールド部分（ケーブルの結線がされている部分）は点検可能にしておきます。予備の取出し線の末端部分は、電気的に絶縁処理し、キャップをかぶせておきます。

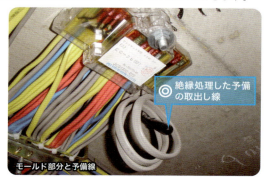
モールド部分と予備線
- 絶縁処理した予備の取出し線

3. ケーブルの固定
ボックス周囲のケーブル支持固定はボックスから600mm付近に1カ所とします。

ユニットケーブルの固定例

4. 変更不可のデメリット
住戸の間取りが大幅に変わると使用できなくなります。大幅な変更には対応できません。
簡易な変更には、予備の電源線を用意しておきます。

ケーブル配線・配管　離隔対策

03 強電線と弱電線は接触させない
ケーブル配線の離隔 ①

ケーブルと弱電線を接触させてはいけません。パイプスペースなどの設備が集まる狭い場所は、特に注意が必要です。

1. 電気ケーブルと弱電ケーブルの接触
写真では、電気の強電、弱電線の分離（＊1）が行われていません。内線規程には、離すとの規定があります。

2. パイプスペースなどの狭い空間
狭い空間に複数の設備要素が混在すると、規定への配慮が往々にして疎かになります。写真は排水のパイプスペースです。給水配管は補助材を支持に用いて固定していますが、電気の強電、弱電線の分離が行われていません。

3. マルチメディアコンセントの注意
マルチメディアコンセントは、電話、LAN、テレビ、電源が同じボックスに入り、複数のケーブルで接触が起こりやすいので、分離に注意します。

> **＊1　強電線と弱電線の分離**
> 内線規定 3120、3120-1 において、「直接接触しないように施設する」となっている（p.15 ＊8）。

ケーブル配線・配管　離隔対策

04 ケーブルはボックス内で接続
ケーブル配線の離隔 ②

ケーブルに限らず、電線相互の接続は必ずジョイントボックス内で行います。

- ◎ 強電、弱電分離養生（電線管の使用）
- ◎ 躯体打込み型支持材
- ◎ 差込みコネクターを使用する電線接続は、必ずボックス内で行う（*2）
- 電線の支持材は断熱前に取付ける
- × レンジフードダクトとウレタン接触は火災の危険性（ダクトに断熱が未施工）（p.123）
- ジョイントボックス内の電気接続

1. 電線の接続

電線の接続（*1）はジョイントボックス内で行います。VVFケーブルの接続などには簡易なボックスもありますので、使用場所に合うものを選定しましょう。

× 電線の接続は必ずボックス内に

ボックスがない危険な例

2. ケーブルの分離と保護

配管とケーブルの離隔距離、ガスとの分離などは、内線規程による制約があります。上段の写真では弱電線をPF管に挿入して分離しています。

*1 電線の接続

内線規定1335-8には、電線接続の具体的方法が示され接続例も図示されている。
直線接続、分岐接続、終端接続と形態ごとの図示があり、終端接続の形態として「差込形コネクター」による接続例が示されるが、差し込みコネクターでは、差し込んだVVFケーブルが引っ張られたり、差し込み不良があると発熱する事態も起こり、火災の原因ともなる。
確実な接続を行うなら、リングスリーブの使用がよい。差込コネクターを使用するなら、電気用品安全法の適用を受け、その表示があるものを使用し、内線規程3165-5に従い、ボックス内の使用とする。
なお、撚り線の接続に差込みコネクターは使用できない。

*2 差し込みコネクター

差込みコネクターとは、屋内配線用に使用するもので、電線を差込むだけで電線相互を接続するもの。ワンタッチで電線の接合が可能で電気工事の現場でよく使用される器具の一つ。
差込みコネクターなどを取扱うメーカーにワゴ（WAGO）社がある。

ケーブル配線・配管　離隔対策

05 ダクトに接触させない
ケーブル配線の離隔 ③

天井内のケーブルは、ダクトなどの金属類との離隔に注意し感電や火災を予防します。

ケーブルとダクトの接触

- ●スパイラルダクト
- ●VVFケーブル
- × ケーブルのまとめは7本以下にする
- × ケーブルをダクトに接触させない（*2）
- スパイラルダクト●
- × 形鋼にダクトが接触すると振動が伝わる（p.119）

1．ケーブルをダクトに接触させない（*2）
ケーブルが金属製水管・ガス管と接近・交差する場合は接触しないように離隔（p.15 *8）して敷設します。

2．ケーブルの許容電流
VVFケーブル（*1）などを固く結束すると、許容電流（p.141 *1）が低下します。結束は7本程度までとし、損傷を防ぐために緩くまとめるのが適切です。

3．ケーブル以外でも注意するダクトの接触
ケーブル以外でも間柱などにダクトが接触するとファンの振動が伝わってしまうので、内線規程には関係しませんが、間柱とダクトの接触にも注意します。

＊1　VVFケーブル
VVFケーブルは略してFケーブルと呼ばれる。VVFケーブルとは、600Vビニル絶縁ビニルシースケーブル平型のこと。原則として屋内専用のケーブルとして使用する。屋外で使用する場合は、直射日光による劣化を避けるために、電線管などに収容する。

＊2　ダクトとケーブルの接触
「電気設備技術基準の解釈」で第167条の解説によれば、水道管・ガス管・空気管・蒸気管など金属類が広範囲に施設されている場合、これらに漏電すると、感電や火災などの事故が予想されるので、屋内配線とこれらのものとは離隔しておく必要があると示されている。

ケーブル配線・配管　離隔対策

06 マルチメディアコンセントの隔壁
ケーブル配線の離隔 ④

弱電線と強電線は分離が必要です。マルチメディアコンセントは、ボックスにセパレーターを取付けます。

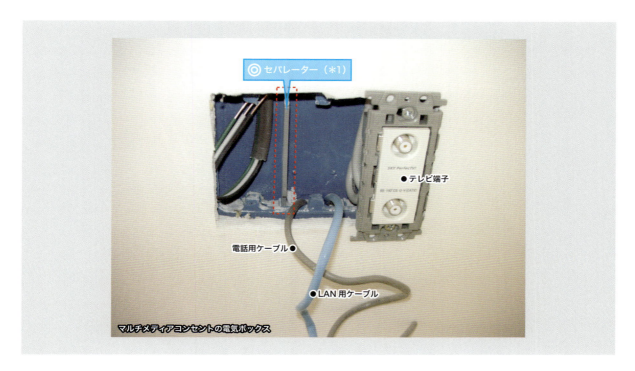

マルチメディアコンセントの電気ボックス

1．マルチメディアコンセントの電気ボックス
マルチメディアコンセントには、強電と弱電を分離するセパレーター（＊1）が設置できるボックスを使用します。内線規程（＊2）にセパレーター（隔壁）の基準があります。

2．コンセントの位置
マルチメディアコンセントにはテレビ電源用のコンセントを用意しますが、二口コンセントや三口コンセントとした場合は、コンセント位置は、他の用途（たとえば掃除機）に使用可能なように、奥ではない室内側へ配置するのがよいでしょう。

マルチメディアコンセントの配線状況

3．テレビ取出し方法
テレビのアウトレットは、受信方式に合わせて、用意しましょう。

> **＊1　セパレーター（隔壁）**
> マルチメディアコンセントでは、強電線と弱電線が同一のボックス内に配線される。内線規程3102-7（＊2）では、直接接触しないように隔壁を取付けることが望ましい、とある。一般的にボックス内では、配線器具との接続のため、余長を設けている場合が多い。このような場合はボックス内に隔壁を設け、接触防止を図る。

> **＊2　内線規程 3102-7**
> 埋込型コンセントを収める金属製や難燃性絶縁物のボックス内にケーブルと弱電流電線、もしくはこれに類するものを敷設する場合は、隔壁の取付けが望ましいと示される。

ケーブル配線・配管　打込み配管

07 電線管打込みの基本
躯体に打込む電線管の施工

(1) 躯体の構造耐力を減じないよう、クラックなどが発生しないように、注意して電線管を打込みます。

1. 躯体のクラック防止・耐力確保

① 外壁への電線管打込み
外壁にクラックを生じさせない、あるいは耐力を低下させないために、原則として外壁への電線管打込みは、避けたほうがよいです。安易に電線管を打込むと躯体にクラックが生じ漏水する、耐力不足を招くなどの原因になります。

② 壁打込みでの制約
やむをえず電線管を壁に打込む場合も、配管外径は壁厚の1/5以下となるように設計します。シングル配筋の場合は内側に電線管を打込み、ダブル配筋の場合は鉄筋の間に電線管を入れます。

③ ボックス類と骨材
壁へボックス類を挿入する場合、複数配管で相互の間隔が近くなるので、骨材の入る間隔を保てるように配慮します。

（2）電線管は管相互の間隔を保ち固定します。

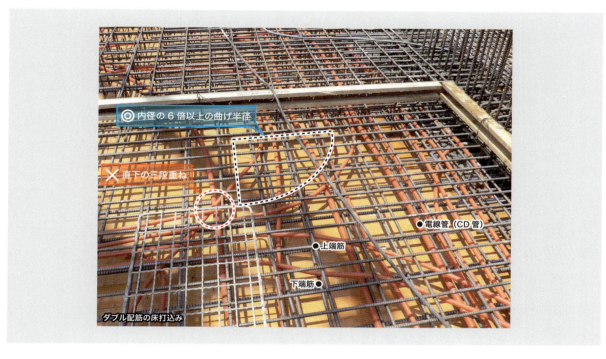

2. 電線管が交差するとき

① 電線管の曲げ半径，電線管の固定
電線管の曲げ半径は、電線管の内径の6倍以上とします。おおむね1mの間隔で鉄筋に結束します。ボックス付近やカップリング（*1）を使用して管をつないだ箇所は、0.3m程度付近に固定します。配管の曲がり部分は、コンクリート打設時の移動や浮き上がりを防止するために、0.5m以内の間隔で固定するのが望ましいです。

② 電線管の交差
電線管を交差させる場合は、上端筋・下端筋の交差する直下部分を避けるようにします。

③ 電線管の重なり
電線管が重なる箇所での三段重ねは厳禁です。

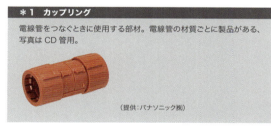

＊1　カップリング
電線管をつなぐときに使用する部材。電線管の材質ごとに製品がある、写真はCD管用。

（提供：パナソニック㈱）

ケーブル配線・配管　打込み配管

08 耐力を損わない打込み
電線管の間隔保持

電線管を5本以上、密集して打込む場合は、相互の距離に注意して、耐力に影響がないように施工します。

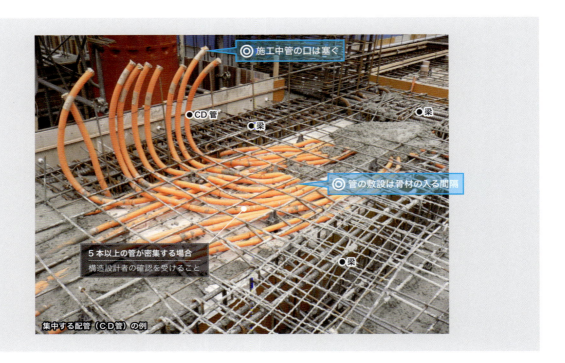

集中する配管（CD管）の例

- 施工中管の口は塞ぐ
- CD管
- 梁
- 管の敷設は骨材の入る間隔
- 5本以上の管が密集する場合　構造設計者の確認を受けること

1. 電線管が多く集まる場合 （*3）

① 電線管が集中する盤
分電盤、弱電機器収納盤が設置される場所は、電線管が集中します。
電線管が集中する場合は、構造設計者と打合せを行い、構造耐力に支障がないよう補強措置を検討します。

② 配管整理の方法
配管が集中する盤の上下部分やEPSなどで配管の相互間隔（30mm以上）が不足する場合は、プルボックス（*1）などで配管の整理を行い、他の配線方式によって盤、EPSに配線することを検討しましょう。

③ 電線管の管口
電線管の管口はコンクリート打設時のコンクリートの進入や、工事中の異物混入がないように、口にキャップを取付けたり、テープを巻いて塞いでおきます。管の床からの立上りは、管立上げ支持鉄線や連立管立上げ固定具（*2）を用いて行います。

④ 樹脂管と火気使用作業
合成樹脂管は熱に弱いので、周囲の火気使用作業のときは火花養生を行いましょう。

＊1　プルボックス
電線管など配管工事で管が集合・分岐する部分に設置する箱のこと。電線類の管内への引き込みに利用し、線の接続も箱内で行う。

＊2　立ち上げ固定具
管の立ち上げサポートは、未来工業などの電材メーカーのカタログで確認するとよい。

＊3　電気配管の詳細

下記参考図書に打込み配管の留意事項が示されている。

『建築設備工事の進め方』

下記参考図書に金属管工事、合成樹脂管工事の詳しい説明がある。

『絵とき　百万人の電気工事』

下記参考図書に打込み配管をわかりやすく示している。

『マンガで学ぶ建築電気設備入門』

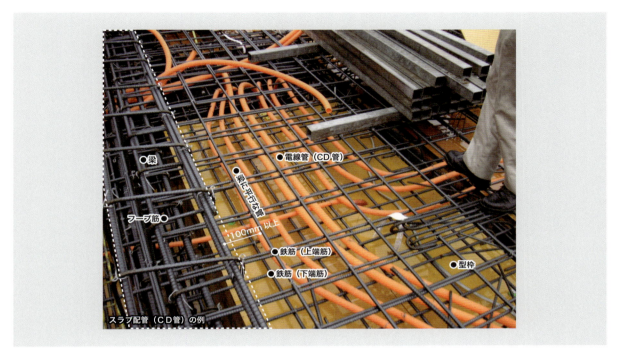

スラブ配管（CD管）の例

2. 電線管相互の距離とフープ筋への配慮

① 電線管、相互の距離
電線管相互の間隔は、スラブの短辺、長辺とも100mm以上あると安心です。管と平行する鉄筋との間隔、管相互の間隔は30mm以上を最低とします。

② 梁と電線管
梁を横断する電線管はフープ筋間に1本とします。管の鉄筋への固定は、1m以内に1ヵ所とします。

梁と交差する電線管

③ 梁と平行の電線管
梁面より100mm以上離して配管します。梁材の中における軸方向の配管はできるだけ避けます。

④ 梁と直交の電線管
梁の部分に直交して電線管を打込む場合、スタッドから50mm以上離して配管するほか、構造設計者の配筋検査時における注意に従いましょう。

⑤ 壁付きでない梁の横断配管
柱から梁せいまでの間の横断は、できるだけ避けます。多数の配管をまとめて横断するのも避けます。

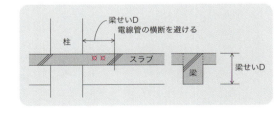

ケーブル配線・配管　配管用スリーブ

09 下階へ雨水を入れない
スリーブ開口から、雨を浸入させない

配管用のスリーブ開口は、施工途上の雨の浸入経路となります。

配管用のスリーブは、スラブ上面より10mm程度出して挿入すると施工中の雨流入が防げる

所定の距離が必要

スリーブ配置の例

1．スリーブからの雨水浸入
スリーブから雨水が入り、下階へ漏水する恐れがあります。スリーブをスラブ上面から10mm程度立ち上げておくと、雨水流入を防げます。

2．スリーブ間の距離
消防上の特例措置（＊1）を受ける場合、スリーブ間隔は所定の距離が必要です。下の写真のように、断熱材があるときは欠き込んで、型枠の上にスリーブ材を設置します。

スリーブ間隔は、消防法規定に留意

複数のスリーブ（スラブ断熱箇所）

3．スリーブ補強
スリーブ挿入部の補強は構造設計者の指示に従って行う必要があります。スリーブ補強は建築工事の工程なので、事前にスリーブ位置、口径を打合せておきましょう。スリーブ材（ボイドパイプ）をスラブ面より出すとスリーブ箇所が隠れません。

スリーブ（スラブ断熱なしの箇所）

＊1　消防特例

消防特例とは、決められた基準も満たすことで消防設備の一部が免除される規定。

ケーブル配線・配管　施工の記録写真

10 工事写真を撮る
隠れる場所を記録する

コンクリート打設や壁・床の仕上げ後は、スラブや壁の中の電線管の状態は見えなくなります。隠れてしまう部位は、電気配管だけでなく、工事の進捗に応じ、工事種目ごとに施工状況を写真に記録します。

梁に打込むスリーブの記録
梁のスリーブ（正面側）

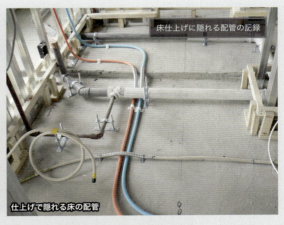
床仕上げに隠れる配管の記録
仕上げで隠れる床の配管

地中埋設管の記録
塩ビ小口径桝と排水配管（地中埋設）

梁を貫通する排気ダクトの記録
梁を貫通するレンジフードファンの排気ダクト

1．工事写真の目的
設備工事・電気工事の材料は、竣工後にほとんどが隠れてしまいます。指定材料や工法が正しいか、施工手順や状況はどう進んだか、コンクリートの打込み部分、土中に入る配管、仕上げで隠れる配管やダクトの状況を記録しておくことは、適正な工事の証明として重要です。なお、設備工事写真の作成・まとめ方には一定の決まりがあります（＊1）。

2．品質管理と維持管理
各工程で、記録する部位や時期をあらかじめ決めておくことは、求められる品質を満たしているかどうか、現場の施工状態のチェックにもつながります。
工事中の記録が多いほど、将来の修繕や維持管理の際に状況把握がしやすくなります。施工途中だけでなく施工前の材料や施工手順の記録も心がけましょう。

3．工事写真の内容
工事写真には、工事種目・撮影部位・撮影時期・立会者・確認者等を黒板に入れます。スケールを写し込む際は、目盛を読み取れるようにしましょう。

＊1　工事写真の詳細
下記参考図書の手順で、工事中の写真記録を作成するとよい。

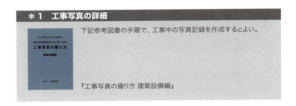
『工事写真の撮り方 建築設備編』

ケーブル配線・配管　ケーブル保護

11 ケーブルの保護方法
傷つきやすいケーブル施工の注意点 ①

ケーブルの損傷が予想される箇所は、ケーブルの保護を行います。

ケーブルの保護（隅角部）

1. VVFケーブルの養生

ケーブル配線（＊1）での損傷が懸念される部分は養生を行います。
軽量形鋼の切断部分に接する箇所、躯体の角部分などだけでなく、押しつけられたり、ケーブルが動いた場合に傷がつく箇所なども注意します。

＊1　ケーブル配線
内線規程3165では、3165-1〜8として施設方法、接地の方法が示されている。

＊2　がい管
がい（碍）管とは、電線を通す絶縁用の陶製の管。
内線規程3102-3〜5図参照。

鋼材切断部と保護

2. その他で留意する部分

金属板貼りの部分の貫通、木造の造営材でメタルラス張り、ワイヤラス張りとなる部分の貫通は、がい管（＊2）や合成樹脂管など耐久性のあるもので絶縁し配線を通し、これらが移動しないような施工をします。

ケーブル配線・配管　ケーブル保護

12 取付けビスによる損傷
傷つきやすいケーブル施工の注意点 ②

ケーブルは、機器取付け用の補強材の裏側を通さないよう注意します。

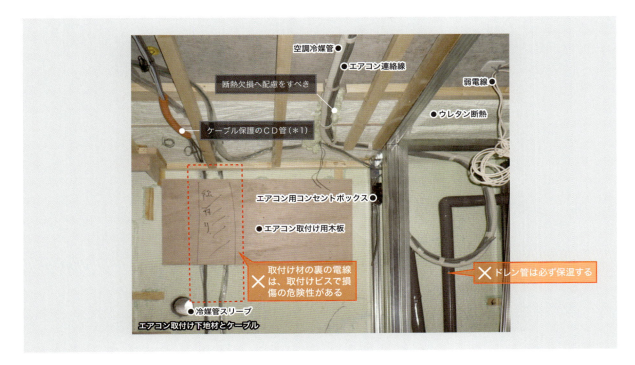

エアコン取付け下地材とケーブル

1. 機器や部材の取付け部
エアコンの取付け部などの下地部分、その裏側には電気ケーブルを通さないよう気をつけます。ビスなどの貫通で損傷させると、電気的な事故のもとになります。

タッセル下地とケーブル

2. さまざまな損傷要因
カーテンレールを取付ける部分、台所で吊戸棚を取付ける部分など、機器以外でも取付け時にビス等を使う場所はたくさんあります。電気ケーブル敷設では損傷防止に留意しましょう。
また、断熱材の施工順序も、しっかり管理しておくべきです（＊2）。

＊1　CD管とケーブル保護
CD管は直接コンクリートに埋設して絶縁電線（IV線）もしくはケーブルを挿入して使用する。CD管を屋内露出で使用できるのは、電力線ではケーブルの保護に限られる。

＊2　適切な保護
上の写真では、ウレタン断熱材に接したVVFケーブルを保護チューブへ挿入しているが、エアコンの連絡線（VVFケーブル使用）が埋没している。この部分にこそ、保護チューブへの挿入が必要（詳しくはp.170）。

ケーブル配線・配管　ケーブル保護

13 ウレタン付着による性能低下
傷つきやすいケーブル施工の注意点 ③

ケーブルに付着した断熱材のウレタンは、ケーブル外皮の樹脂を劣化させます。絶縁性が低下し、火災事故を招きます。

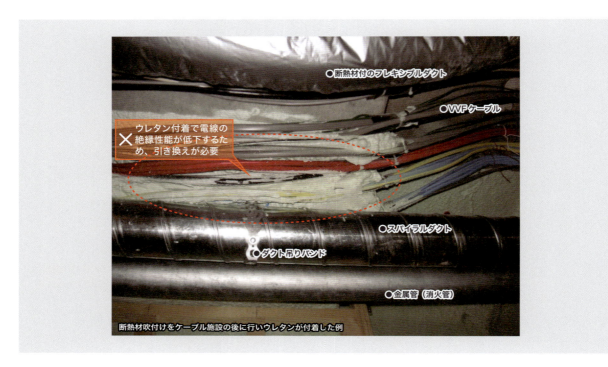

断熱材吹付けをケーブル施設の後に行いウレタンが付着した例

1. ケーブルと断熱材

ウレタンの断熱材は、塩化ビニル樹脂との接触により化学反応が起こし、電線やケーブルの外皮を劣化させます。これが絶縁抵抗の低下・許容電流の低下を起こす原因となります。

2. ケーブルの発泡ウレタン埋没による火災の危険

発泡ウレタン（＊1）による絶縁低下は、最悪の場合火災事故につながる恐れもあるので、特段の注意が必要です。
ケーブルがウレタンに埋没すると、化学反応による劣化は著しく、長期的には絶縁が低下し火災事故を誘因します。除去もしくは該当するケーブルの取替えを行うべきです。

3. ウレタン吹付けとケーブルの施工要領

ケーブルで断熱材を欠損した例

①ケーブルの支持材は、ウレタン吹付け前に躯体に取付けておきます。
②ケーブルはウレタンから浮かして、敷設します。
③ケーブルが密着、埋没する場合はポリエチレンテープなどを介して密着しないようにします。

＊1　電線の耐薬品性

施設場所に適した被覆を有する電線一覧表では、電線の耐薬品性、腐食性ガス、液体に対する各種ケーブルの適否、そして、「VVFケーブルなどへの接触に対する断熱材の適否」では、発泡ポリウレタンには、直接接触させない、電線が断熱材に覆われる状態で使用される場合、電線の温度が高温（60℃以上）となり、科学的劣化が生ずる恐れがあることから注意を要する、と記述されている（内線規程資料3-1-1）。

ケーブル配線・配管　ケーブル保護

14 結束本数を許容する温度
傷つきやすいケーブル施工の注意点 ④

ケーブルは周辺温度によって許容電流が異なります。結束する本数が多くなると電線の許容温度の超過につながります。

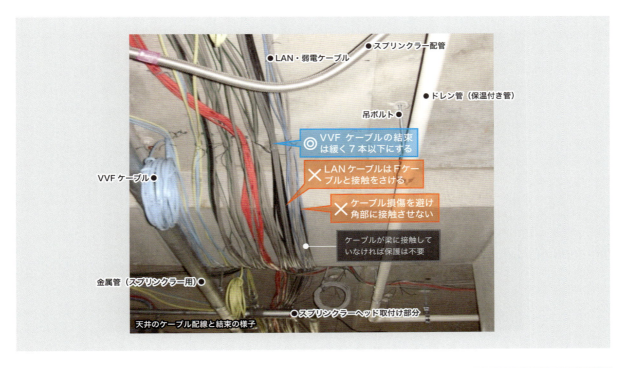

天井のケーブル配線と結束の様子

1. ケーブル配線における曲げ施工
ケーブルの曲げ施工における屈曲部の内側半径は仕上がり外形の6倍以上が適切です。単芯のものは8倍以上とします。VVFケーブルでは、平たいほう・長いほうの外径（＊1）を基準とします。

2. ケーブルの結束本数と許容電流
VVFケーブルの導体許容最高温度は60℃とされています（＊2）。結束は緩めに5〜7条以内にするのがよいでしょう。

＊1　ケーブルの外径
ケーブルの一番外側の被覆をシースといい、ここが外径となる。ケーブルとは導体に絶縁を施した絶縁電線の上に塩化ビニル素材や耐燃性ポリエチレンなど絶縁体への外傷や浸水を防ぐ被覆としたもの。

＊2　導体許容最高温度
導体温度で、ケーブルに定められている一定限度(許容最高)の温度をいう。ビニルケーブルは60℃、ポリエチレンケーブルは75℃、架橋ポリエチレンケーブルは90℃となっている。電線やケーブルに電流を流すと発熱しますが、発熱により被覆が溶融にいたるため、許容最高温度が示される(内線規程)。
2mm²芯、3芯ケーブルに16Aの電流を通し束ねた場合、60℃という許容範囲内に保つためには、敷設条数を7条以内にしなければいけないという実験結果も報告されている。

ケーブル配線・配管　メッセンジャーワイヤー

15 隠れる場所のケーブル配線
ピット内のケーブル配線

メッセンジャーワイヤーを用いてケーブルを支持する方法もあります。

1. メッセンジャーワイヤー
ケーブルの支持は、ワイヤーのサイズが断面積 22mm² 以上の亜鉛めっき鉄撚り線を使用します。

2. メッセンジャーワイヤーへの接地
内線規程では、屋外の架空ケーブルに使用するメッセンジャーワイヤーには D 種設置工事が必要です。これを準用しピット内の施工においても接地を計画します。

3. 内線規程 2200-23（＊1）
架空ケーブル（＊2）の施設の項1の④において D 種接地の規定があります。

＊1 内線規程 2200-23
メッセンジャー及びケーブルの被覆に使用する金属体には、D 種接地工事を施すこと。ただし低圧架空電線にケーブルを使用する場合において、メッセンジャーワイヤーに絶縁電線又はこれと同等以上の絶縁効力のあるものを使用するときは、メッセンジャーワイヤーに D 種接地工事を施さないことができる。

＊2 架空ケーブル
架空配線されたケーブルをいう。内線規程では架空電線路として章があり、使用される材料により支持方法などを規定している。

12 照明

照明器具が発する熱への対処方法や、共用部分の照明器具の点滅方法、照度基準を理解します。照明器具の消し忘れ防止の対策や、特殊器具への配線方法などについても理解を深めます。
共用電灯分電盤は、最後まで工事が行われる場所ですが、配線の整理を忘れないよう気をつけます。

照明　放熱

01 照明器具の熱
火災にいたる危険を防ぐ

狭い空間では、照明器具の熱による建具や設備機器の損傷も想定し、取付け位置は慎重に決めましょう。

1. 照明器具と器具直下の空間
照明器具は、管球の種別により器具直下に一定の空間が必要です。白熱球は300mm、蛍光管は100mm確保します。使用する照明器具の仕様書で確認します。

2. 三面鏡の照明位置
照明器具は、キャビネットの三面鏡を開いた時に隠れない位置に配置します。

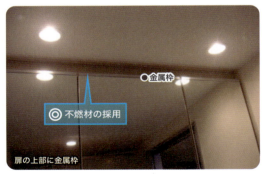

4. どうしても離隔できない場合
照明器具の直下に所定の空間をどうしても確保できない場合、また、扉開けるときの軌跡上に照明器具がきてしまう場合には、最寄りに「注意書き」を添付して注意を促します。

3. 扉の軌跡上の照明対策
照明がキャビネットの扉の軌跡上にある場合は、扉の材質を不燃とし鏡取付け枠を金属にするなど、電球の熱に対応します。

照明　人感センサー

02 人感センサーと照明の自動点滅
人感センサー取付けと種類

人の有無をキャッチして照明を点灯させる人感センサーは、場所に合わせ天井付けや壁付けを選びます。

人感センサーの例
●ダウンライト
人感センサー（天井付）検出部●
400mm以上離す

1. 人感センサーと照明の自動点滅
照明器具と人感センサーの感知部に所定の空間が必要な製品があります。取扱い説明を事前に確認しておき、設計図にも明記すると施工ミスを防げます。

2. 人感センサー
人感センサーには、壁付けと天井付けの製品があります。玄関と廊下、扉の形状（＊1）から最適なものを選びましょう。人感センサーは、白熱灯の近くや反射の強い床面のあるところ、エアコンの吹出口近くや急激な温度変化のあるところ、ゆれるもの、動くものが置かれるところには取付けができません。

> **＊1　扉の形状**
> 特に内開き扉では、取手側にセンサーをつけると入ってすぐ点灯してしまうので、センサーは取付け位置をよく検討し設置する。

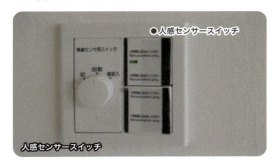

●人感センサースイッチ
人感センサースイッチ

照明　配置計画

03 共用廊下の照明
部屋の窓前は器具設置を避ける

共用廊下の照明は、通行の安全性と各住戸の生活に影響のない明るさが求められます。

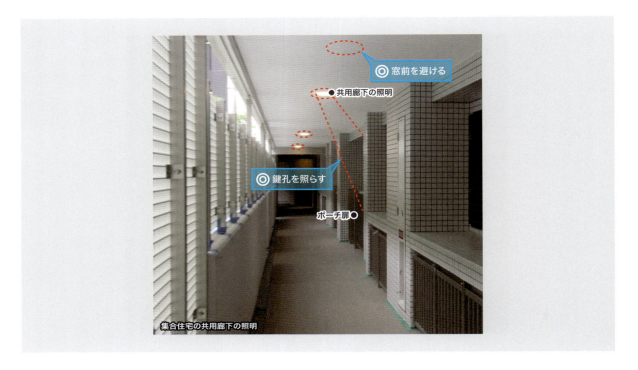

集合住宅の共用廊下の照明

1．共用部は維持管理が最優先
共用部の照明器具の選定は特殊な器具を避け、管球も入手が容易なものを採用するようにします。

2．照明器具の位置
集合住宅の廊下照明は、基本的に住戸の玄関前に計画し、扉のカギ穴が暗くならないようにします。玄関前だけの配置で照度不足となる場合は、深夜に住戸の部屋に明かりが入らない位置に照明器具を設置します（＊1）。やむをえず住戸の居室窓付近に設置する場合は、深夜の消灯を検討します。

3．照明器具への配線
共用部の照明は、生活時間に合わせた点灯・消灯が必要になります。どのような状況にも対応できるよう、電源線は、点灯・消灯の回路を切り替えられる配線本数とします。

4．点灯回路の例と配線方法
常時点灯回路（昼間でも暗い場所）、日没から深夜までの点灯回路、深夜残置の点灯回路があるとします。どの回路にも切り替え可能とするためには、末端の照明器具までこの三つの回路を配線し、必要に応じて配線の接続を替えることです。また、演出に配慮する照明はこれとは別にタイマー点灯などを検討します。

> **＊1　共用部の照度**
> 共用部全般の照度基準としては、JIS Z 9110-2001（住宅）、安全・安心まちづくり推進要綱・警察庁の照度基準がある。これらの規定に合致するかのチェックもする。

照明　配置計画

04 アルコーブの照明
器具との干渉、電源の接続方法、消し忘れの防止

ポーチ灯の取付けを間違うと、器具が邪魔をして、扉を開けない事態も生じます。

アルコーブ照明の誤った取付け位置
× 照明器具に当たり扉が開かない
●メーターボックスの扉
玄関●

1．照明器具の位置
上の写真のように玄関前のアルコーブ照明にメーターボックスの扉が当たり、扉が開かないなど、竣工後の思わぬ照明トラブルがあります。建築との取合いを理解しておきましょう。

2．消し忘れの防止
消灯を忘れ防止には、外部照明のスイッチを動作確認のランプがついているものにするとよいでしょう（例：ON 赤ランプ点灯、OFF 無点灯）。

3．器具付属の IV 線への接続
デザイン照明が選定されるときは、付属の電源用の線に配線を接続します（＊1、2）。

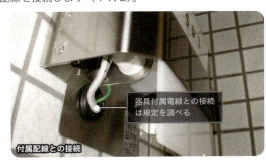
器具付属電線との接続は規定を調べる
付属配線との接続

接続用の電線が IV 線の場合はチューブ（＊1、2）に入れるなど、内線規定に合致する施工が必要です。

× IV 線の露出接続はできない
× IV 線には保護が必要
IV 線（絶縁電線）の使用例

＊1　照明器具の施設
照明器具などの取付け箇所において、これらに接続する露出した電線は造営材などから 6mm 以上離隔すること。IV 電線は、白熱電球のレセプタクル付近の電線に使用しないこと（ただし、電球を露出するもの、住宅の軒灯などのように 60W を超える電球を使う恐れのないものを除く）（内線規程 3205-1（抜粋））。

＊2　絶縁電線の造営材貫通
絶縁電線が造営材を貫通する場合は、その部分の電線を、電線ごとにそれぞれ別個の難燃性及び耐水性のある堅ろうなもの（がい管、合成樹脂管など）で絶縁すること。
使用電圧が 300V 以下の場合で、乾燥した場所（点検できない場所を除く）において技術上やむを得ない時は、厚さ 1.0mm の軟質ビニル管その他耐久性のある絶縁管を代用とすることができる（内線規程 3105-7）。

照明　屋外設置

05 器具に雨を入れない
外部設置の器具形状と点灯方法

自転車置き場などの外部に設置する照明器具は、風雨や破損に配慮し、夜間無人となるときの点滅も検討します。

1. 逆富士型の照明器具を設置しない

屋外に設置の自転車置き場など、風雨が直接当たる場所の照明器具は、暴雨、防水型を使用します。管球のソケット部分が防水となっていても、器具の上部に雨が溜まる器具は避けましょう。
逆富士型の照明器具では上部に雨が溜まる恐れがあります。

2. ガードを付ける

屋外で手が届く・物が当たる場所の照明器具には、保護用のガードを取付けます。

3. 人感センサーの併用を検討する

夜間の使用頻度が少ない場所の照明器具には人が来た場合のみに点灯するよう、タイマー、自動点滅器に加え、人感センサーなどの併用も考慮するとよいでしょう。

照明　床埋め設置

06 床埋め器具とケーブル
建築と取り合う器具の設置、補強と電源の接続

床に埋込む照明器具を使用する場合は、電源ケーブルをモルタルで埋めてしまわないように注意します。

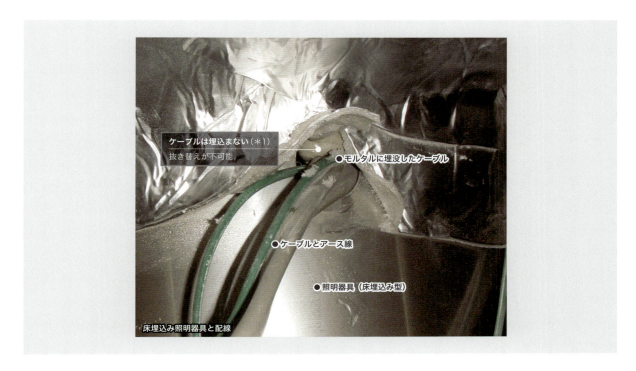

床埋込み照明器具と配線
- ケーブルは埋込まない（＊1）　抜き替えが不可能
- モルタルに埋没したケーブル
- ケーブルとアース線
- 照明器具（床埋込み型）

1．照明器具の埋込みで注意すること
器具の仕様を理解して設置しないと、事故が起こります。特に器具への電源ケーブルがモルタルなどに埋没（＊1）するのを避け、照明器具内に水の浸入がないよう注意します。器具内部に水が入ると、漏電事故を招きます。

＊1　ケーブルのコンクリート埋込み
ケーブルをコンクリートに直接埋設する工法については、JISに工法が規定されている。内線規程は3175節でコンクリートに直埋設できるケーブルを示している。

2．埋込み型照明器具
照明器具の形状によっては、支持材を用いて取付け、落下を防止します。埋込み器具を設置した場所は歩行の有無も確認しましょう。

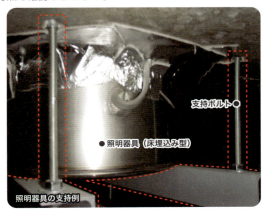

照明器具の支持例
- 支持ボルト
- 照明器具（床埋込み型）

照明　共用分電盤

07 電灯分電盤の基本
ケーブル配線施工、点灯制御

集合住宅の共用分電盤は多数の配線が集まるので整然と施工し、点灯制御の回路を間違えないよう注意します。

・IV線
・VVFケーブル
一次側開閉器（非常用）
施工の仮保護テープ　電源部の接触防止
分岐開閉器
工事中の分電盤内部

1. 配線が集中する共用分電盤

① 共用分電盤の配線
共用分電盤設置場所の天井内部は後回しになりがちな工程のため、乱雑な配線にならないよう注意しましょう。

② 共用分電盤への結線
ケーブルの長さ不足、点滅回路の変更など、不備を残したままとりあえず結線してしまうとその後の維持管理に苦労し、結果として施工品質や安全性の低下を招きます。

③ 天井懐が少ない場合

天井の空間が少ない場合には、天井が塞がれる前にケーブルを整理して、分電盤までスムーズに配線できるようにしておくのがよいでしょう。電線の接続はボックス内（p.159）で行うのが原則です。

✕ 乱雑な配線
✕ 電線の接続は必ずボックス内に入れる
天井懐の乱雑な配線例

分電盤の内部例

2. 電灯の自動点滅器とタイマー

① 点滅方法の例
集合住宅の共用灯は、夕立などで急に外部が暗くなったときにも点灯する必要があります。日没・日の出の点滅はタイマーで、その他は自動点滅器で制御します。

② 日中も暗い部分
内部廊下・ホールなどで、日中も暗くなる部分の共用灯は常時点灯とします。

③ 深夜の消灯用のタイマー

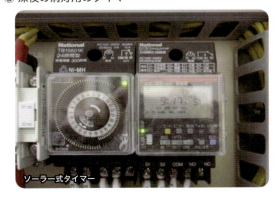

ソーラー式タイマー

深夜（たとえば24時以降）は節電を兼ねて、照明を間引き消灯するのがよいでしょう。この場合は、タイマーで間引く電灯の回路をOFFとし消灯します。タイマーは停電補償機能があるものとし、ソーラー式のタイマーを利用すると季節ごとの調整が不要で便利です。

④ 共用分電盤の制御回路
制御回路は、自動、断、手動の切り替えを可能とする回路構成とし、タイマーや自動点滅回路以外で点滅ができる回路にすると、機器故障対策となり試験点滅もできる。

⑤ 共用照明の配線本数
配線本数は回路の切り替えが可能なように、常時点灯・深夜消灯・日没点灯などのいずれへの変更も可能にするよう配線します。

＊1　停電補償機能
内蔵しているバッテリーに充電しておき、停電時に電源を供給し、設定や動作を維持する機能。

13 受変電・動力・弱電設備

弱電設備では、テレビ共同視聴設備の配線方法や機器収納盤の施工方法、住戸内のテレビ・電話・インターネット用の配線に関わる施工例を見ます。電力会社の変電設備や主開閉器盤・手元開閉器盤の施工方法を理解し、自家用受変電設備ではトラブルの例を記載します。屋上での電気配管と防水の取合い事例やハンドホールと管口の止水処理なども見ます。

受変電・動力・弱電設備　受変電設備

01 電力会社の変電設備
変電設備の冠水対策、ハンドホールの内部

集合住宅用変圧器（＊1）は、ハンドホールの上に設置し、ハンドホールには止水処理をします。

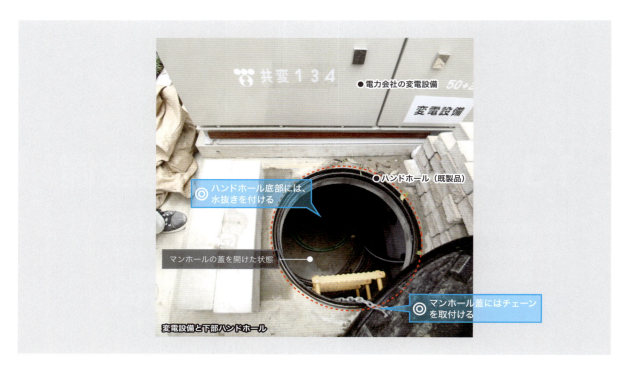

変電設備と下部ハンドホール

1. 電力会社変電設備
電力会社の変電設備を設置する場合は、電力会社と協議してその設置場所を決定します。

変電設備外観

2. 冠水対策
道路への冠水事例や近くに川がある場合は、過去の冠水事例から設置場所は慎重に検討し、設置の高さを浸水の高さ以上にするかを検討しましょう。

3. ハンドホール（＊2）
上の写真のように既製品を組立て使用する場合は、継ぎ目の止水に気をつけます。側隈の接続部分にブチルゴム（止水材）充填し、継ぎ目外側の部分にはパラテックス防水を塗布するのが適切です。

＊1　集合住宅用変圧器

箱体は同じ寸法だが、変電容量で一種類あり130KVA（内動力30Kwまで）と250KVA（内動力50Kwまで）がある。地上用におくものとして、ほかに地上用変圧器があるが、集合住宅のために用意されたものでなく、設置に当たっては、電力会社との協議が必要。

＊2　ハンドホール

地中電線路の点検、修理、接続などの地下作業のために、地中に設置する箱で、現場でコンクリート打設でつくることもあるが、工場製作のプレハブ品の採用が多く、メーカーも多数ある。

受変電・動力・弱電設備　ハンドホール

02 ハンドホール内のケーブル配線
止水処理、ケーブル吊上げ施工

ハンドホール内のケーブルは水の影響を受けにくいように、浮かすか、吊っておきます。管口には止水処理を行います。

1. ハンドホール内のケーブル（高圧と低圧）
ハンドホール内に高圧ケーブルと低圧ケーブルが入る場合は分離します。
ハンドホールには、形状寸法が決められた既製品のコンクリート製、FRP製などの製品があります。

2. ケーブルと弱電ケーブル
同一のハンドホールにケーブルと弱電ケーブルが入る場合は、セパレーターで区切って分離して敷設します。
ハンドホール内部のケーブルは、吊り上げるか、台の上においてハンドホール底部よりもち上げて敷設します。

3. ハンドホールの止水処理
ハンドホール内部には水が入らないように止水します。

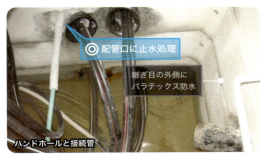

既製品を組立てる場合は、継ぎ目の止水に気をつけます。
配管口からの水浸入防止には、管口に自己膨潤性止水材などを施工します。
万一水が入ってしまった場合の対処として、水抜き栓をつけます。地下水侵入防止と水抜きができる、ピットバルブ（＊1）などの製品を使用するのもよいでしょう。

＊1　ピットバルブ
ピットへの地下水の侵入を防ぐバルブ。詳しくは中部美化企業㈱のカタログなどで特徴を理解する。

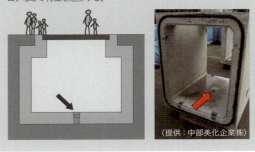

（提供：中部美化企業㈱）

受変電・動力・弱電設備　盤の設置位置

03 主幹盤類の腐食防止
外部、雨がかり、水気のある場所の腐食対策

主幹盤（＊1）などは、雨の影響がない場所、かつ基礎を床面より立ち上げて設置すると、腐食対策として有効です。

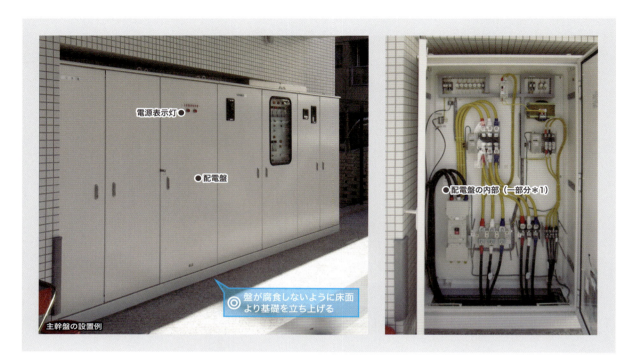

主幹盤の設置例 ／ ●盤が腐食しないように床面より基礎を立ち上げる ／ ●配電盤の内部（一部分＊1）

1. 機器類、盤類の設置場所
機器、盤類が腐食しにくい場所を選び設置します。床面より上部に、機器類、盤類を設置すると、雨、結露などによる腐食対策として有効です（＊2）。

外部に主幹盤を設置した例

＊1　主幹盤
主幹とは分岐ブレーカーの手前に設置する主幹ブレーカーのことで、幹線の主開閉器をまとめた盤をさす。

＊2　建築設備全般に渡るトラブル
下記参考図書に詳しい。

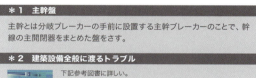

『建築設備トラブルシューティング』

2. 防水
集中豪雨、台風などでの増水時に対する配慮として基礎を一定の高さにあげておくなどの対策をしておくことも必要です。

受変電・動力・弱電設備　受変電設備

04 自家用の受変電設備
小動物の侵入防止、熱、雨への対策

屋外のキュービクル式高圧受変電設備では、雨水や小動物の侵入で漏電事故が起こらないように施工します（＊2）。

● 屋外型のキュービクル式高圧受変電設備
◎ 小動物の侵入経路となる隙間はすべて塞ぐ
キュービクル式高圧受変電設備
○ コンクリート基礎

1. キュービクル式受変電設備
キュービクル式高圧受変電設備（＊1）とは、高圧で受電するための機器と変電のための機器一式を金属製の箱に納めたもので、単に、キュービクルとも呼ばれます。

2. 豪雨対策
キュービクルは、風雨が強い日も、雨水の浸入が起こらないように設置します。
豪雨に対する変電設備の冠水への配慮も必要です。

3. 積雪、結露、小動物の侵入
キュービクル基礎の隙間は雨の吹込み、小動物の侵入に注意します（＊2）。換気扇や通気口の隙間にもスズメなど鳥の巣、湿度が高い時期の天井扇周囲への結露と結露

水の滴下による事故など、電気的事故（＊3）の原因はさまざまです。これらの対策を検討したうえで、変電設備を設置します（＊4）。

× 基礎と架台の納まりを確認し、隙間は修正方法を検討する
キュービクル式変電設備の基礎

＊1　キュービクル式高圧受電設備
キュービクル式高圧受電設備は、受電容量が 50kVA 以上 4000kVA 以下の変電設備としてよく利用される。
盤標準化協議会キュービクル技術部会、(www.sp.jewa-hp.jp) では、これ以外に分電盤設備のトラブル・対応事例など、数多くの公開資料が閲覧できるので、参考にするとよい。キュービクルとは何かなど、一般知識も得られます。

＊2　ネズミの侵入
予備配管を敷設する場合、管路からネズミ等小動物の侵入を防ぐ施工をしておく。ハンドホールの管口や配電盤内の管口が堅固に塞いでいないと、ネズミが充電部に触れるなどして、短絡・地絡する場合もある。

＊3　短絡・地絡
短絡は一般にショートといわれる現象。電路と大地管が絶縁の劣化より電路などから危険な電流が流れる事故現象。漏電とは地絡事故により大地または電路以外に電流が流れる状態をいう。

＊4　電気工事の理解
下記参考図書には、よく使用する数値が示されており参考になる。

『電気工事現場チェックの勘どころ』

受変電・動力・弱電設備　防水

05 屋外電気機器の雨・雪対策
屋外電気設備の雨・雪対策 ①

手元開閉器や電線接続のボックスは、水の浸入しない高さに設置します。

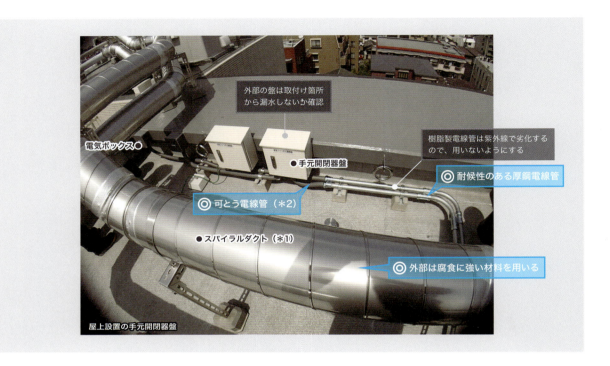

屋上設置の手元開閉器盤

- 電気ボックス●
- 外部の盤は取付け箇所から漏水しないか確認
- ●手元開閉器盤
- 樹脂製電線管は紫外線で劣化するので、用いないようにする
- ◎ 可とう電線管（＊2）
- ◎ 耐候性のある厚鋼電線管
- ●スパイラルダクト（＊1）
- ◎ 外部は腐食に強い材料を用いる

1. 屋上設置の盤類

屋上設置の盤類は、ルーフドレンが詰まったときを想定して、設置の位置を決めましょう。ケーブル類は水に浸かっても、即時に障害は生じませんが、電源部には浸水しないような配管方法で施工します。

2. 露出の電線管

露出配管する電線管は、厚鋼電線管を使用します。樹脂の電線管は紫外線で劣化するので、屋外の露出配管は避けます（＊1）。

3. 金属配管と可とう電線管

電気配管の金属管を曲げるために使用するベンダーの取り扱いは熟練を要し、経験によって仕上がりや施工速度が変わります。可とう電線管（＊2）を使用すると、微妙な曲げに対応することができ、機器や盤への接続に便利です。

＊1 腐食に強いスパイラルダクト

鋼板を螺旋状にまいて円形に成形したダクト、亜鉛鋼板、ステンレス鋼板、塩ビ鋼板、ガルバリウム鋼板、スーパーダイマ、リブ入り亜鉛鋼板などの製品がある。
リブ入り亜鉛鋼板スパイラルダクトは建築用の円形型枠として、地中梁の人通口に使用ことが多いので、現場で見てみよう。スーパーダイマは亜鉛めっきにアルミニウム、マグネシウム、ケイ素を添加し耐食性を高めた鋼板（新日鉄住金㈱の商品名）で、ケーブルラックなどの製品にも使用されている。

＊2 可とう電線管

可とう性のある電線管。一種可とう電線管（フレキシブルコンジットともいう）と二種金属可とう電線管（プリカチューブともいう）の別がある。前者は亜鉛めっきをした軟鋼帯をらせん状に半幅重ねた管、後者は鉛めっき鋼帯、鋼帯、ファイバーを三重にした管である。

受変電・動力・弱電設備　防水

06 屋上の電気ボックスの漏水
屋外電気設備の雨・雪対策 ②

屋外や屋上に設置する電気ボックスには、水抜き孔を設けます。

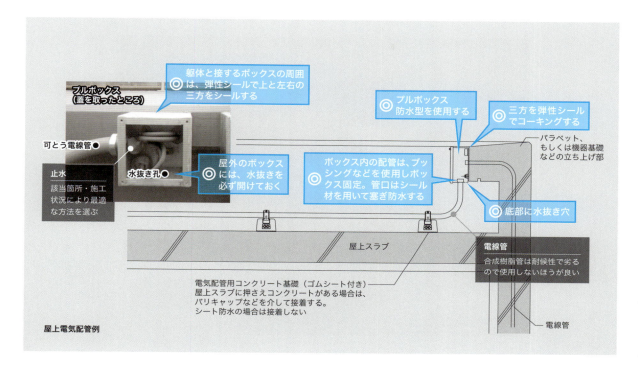

屋上電気配管例

1. 屋外の電気ボックス
屋外の電気ボックスは腐食しない材質を用いてし、水抜き孔を設けておきます。水抜き孔で、雨水の排除と結露水を排出します。

2. 建物屋上部分の電気配管
屋上のスラブには、電気配管類の打込み施工を避けます。打込みの施工不良によっては、クラックが発生し、防水の不具合では、雨水の侵入経路になることも予想されます。

3. 建物屋上部分のボックス取付け位置

屋上にボックスを取付ける場合、可能な限り積雪の影響や、雨水のドレン目皿が詰まったときの漏電事故などが発生しない高さへ取付けるのが望ましいです。防水機能を損なう部分への取付けは避けます。

4. 配管の貫通箇所
屋上機器への電気配管を機械基礎の上部から貫通するのは、漏水の危険性が高いので避けます。

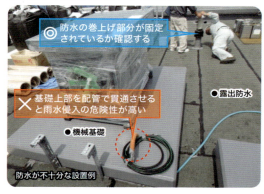

受変電・動力・弱電設備　防水

07 屋外ケーブルの接続と防水
屋外電気設備の雨・雪対策 ③

異なる種類の電線の接続は、ボックス内で行います。特に機器本体に付属された線の接続は、線種の規定に従います。

電源線付属の機器における異種電線接続

1. 異なる種類の配線方法相互の接続には規定がある
異なる配線を接続（＊1）する場合は、ボックスなど適当な接続器具を使用して機械的、電気的に完全に接続します。
異なる配線相互の電線は接続による損傷や露出を避けて施設し、点検がしやすいよう配慮します。

2. 屋内外の露出場所で許される配線種別に注意する
露出で使用したり、機器と電源供給箇所との間の電線を固定しないで使用するには、内線規定で定められた電線を用います。
設備機器の電源取合いでは、端子台が用意されており、これに電源を固定するものや、写真例のように電源接続用の電線がすでに付属しているものがあります。付属電線との接続は線種により規定も異なるので、内線規程を守りましょう。

3. 機器設置用のアンカーボルトにカバーを取付ける
機器据付け後、アンカーボルトはナットで締付けた後にキャップを設置します。
キャップ内にはグリースを詰め、ナットの取外し（機器の交換時）がしやすいよう留意します。

4. 機器は腐食しないように設置する
屋外の場合、錆が腐食を招き、耐用年数が低下します。傷などがあれば塗装を補修します。

＊1　異なる電線の接続規定
内線規定 1335-7 は電線の種別に従い、次の各号によることとして①〜⑤までを示し、1335-8 には、電線接続の具体的方法が図示されている。

受変電・動力・弱電設備　防水

08 水槽類への電気配線
屋外電気設備の雨・雪対策 ④

水位警報の電極への配線は、電線管や可とう電線管を使用し電線管内に配線しましょう。

消防用補給水槽の電気配線例

1. 水位検出、警報用の電極はカバー内に設置する
水槽内の水位、満水や減水を検出する電極は配線の保護と、本体の劣化防止で、カバー内に設置するのが適切です。減水や渇水だけでなく、満水の警報（＊1）も出力できるようにします。

2. 電極への配線
曲がる配線は、可とう電線管（p.188）を用いて接続するのが適切です。また、制御用ケーブルを露出配線する場合は、耐候性のあるケーブルを用いるか、耐候性のスパイラルチューブを巻いて保護します。

3. 消防用補給水槽（補給水槽）
消防用補給水槽は、充水配管（＊2）とするための水槽なので、建物の最上部に設置します。延焼の恐れのある部分に設置する場合は不燃材であることが要求されます。また、周囲に可燃物がある場合は、指導を受ける場合もあるので、所轄消防署の見解を確かめることも重要です。

＊1　満水警報
補給水槽への給水をボールタップで行う場合、故障で水が止まらない場合に、電極で満水時の警報も出力する。満水時は、満水警報を渇水時は、減水警報を管理場所に表示できるようにする。

＊2　充水配管
配管内に常に充水されている状態をいい、湿式配管ともいう。乾式配管は、充水されていない管で、連結送水管で地階を除く階が11未満の建物に認められるが、自治体によっては独自の指導もあるので所轄消防署の見解を調べる必要がある。

受変電・動力・弱電設備　機器収納盤

09 弱電盤施工の基本
弱電配線の系統図を盤内に入れる

テレビやインターネット、電話などの情報通信機器の類の施工では、ケーブルの離隔や漏電防止に配慮します。

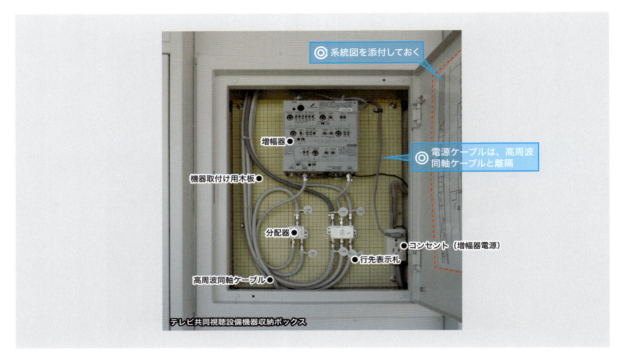

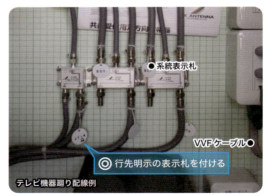

テレビ機器廻り配線例

1. テレビ共同視聴設備機器収納ボックス
集合住宅のテレビ共同視聴設備では、受信した電波を増幅して各テレビ設置位置まで配線します。配線には、高周波同軸ケーブル（p.196）を使用し、増幅後の電波は分配器や分岐器で各所へ分けて送ります。同軸ケーブルの種別、サイズの決定は電波の減衰を計算して決めます。

2. 高周波同軸ケーブルと電源ケーブルを接触させない
弱電線の高周波同軸ケーブルは、電源ケーブル（VVFケーブル）とは離隔します。ケーブルの離隔距離は内線規程（p.15 ＊8）に従い、ケーブル固定部材などで接触を防いで配線します。

3. 系統図など、弱電盤内には必要図面を入れる
弱電盤内部には、主要機器の仕様や受けもつ系統図を挿入しておきます。

4. 端子盤内のケーブル
端子盤内のケーブルには、行先表示の札を付け、整理して配線するとメンテナンス効率が向上します。

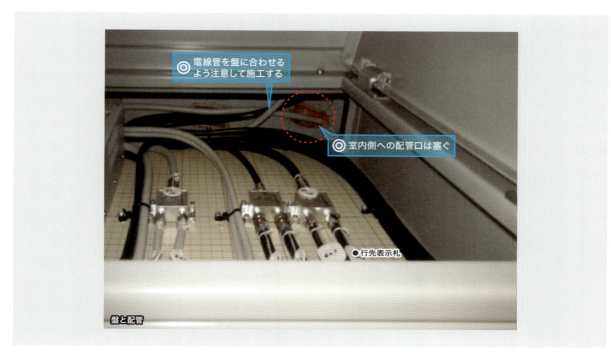

●盤と配管

◎ 電線管を盤に合わせるよう注意して施工する
◎ 室内側への配管口は塞ぐ
● 行先表示札

5. 配管口の風切り音

端子盤へ接続する配管は端子盤に固定し、配管口には空気の流通を遮断できるよう、パテなどを用いて塞いでおきます。塞ぐことで、空気の流入による風切り音の発生や虫の侵入を防げます。

6. セキュリティに配慮した鍵の選定

盤の扉は量産型の鍵が出回っており、同型の鍵があればすべて開けることが可能なものもあります。セキュリティ面では危険が多いと言えます。共用部に付く端子盤は容易に開けることができないようにあまり出回っていない鍵を選定しましょう。

受変電・動力・弱電設備　機器収納盤

10 弱電盤の増設対策
将来設置の予備スペースを確保した施工

弱電機器の収納盤は整理し、用途を明確にし、将来の増設やメンテナンスがしやすい余裕をもった寸法にします。

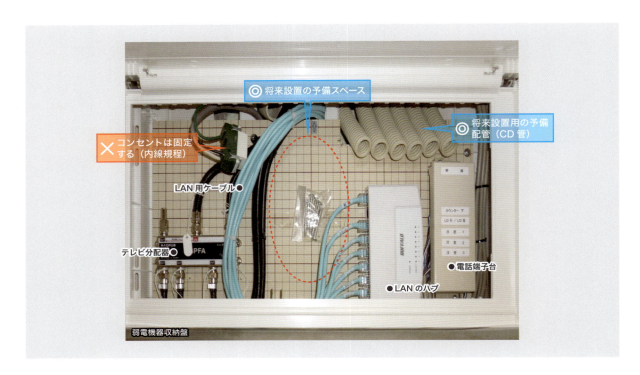

1．弱電機器類の収納箱
弱電機器類を情報盤（＊1）としてまとめて収納する場合は、将来設置の機器類も設置可能な大きさのものを選定しておきます。

2．光ケーブルに対応する場合
光ケーブルを引き込んで、電話やLANに対応する場合には、光成端装置・回線終端装置（ONU）・電話配線端子台・HUB（＊2）などを収納できるスペースを必要とします。また、テレビ分配器なども一緒に収める場合は、さらにスペースを必要とします。

3．電源としてのコンセント
機器用の電源としてコンセントを設置する場合は、将来機器も想定してコンセントの口数を決めましょう。上の写真では固定が不十分ですが、コンセントは固定して設置します（＊3）。

＊1　情報盤
住戸内に設置する電話の端子台・LAN用ハブ・テレビ分配器などをまとめて入れる弱電機器収納盤の略称。

＊2　光成端装置・ONU・端子台・HUB
光ファイバーの導入で必要な機材。光ファイバーケーブルを光コードに変換するために光ファイバーと光ボードを融着させた部分を保護する装置類、インターネットの配線方式では方式ごとに使用する機器類が異なるので、検討が必要。

＊3　コンセントの施設
埋込形のコンセントは、金属製又は難燃性絶縁物のボックスに収めて施設すること。
ボックスの使用を省略して大壁の壁板などに直接コンセントを取付ける場合の壁板は厚さ3.5mm以上のものが必要である（ボックス省略の例）(内線規程3202-2)。
コンセントの施設では、内線規程のこの項を読んでおくこと。またコンセントは、耐久性のある造営材に堅固に取付けるとも規定されている。

受変電・動力・弱電設備　機器収納盤

11 機器の発熱に換気口
弱電盤の収納ボックスの施工

収納ボックスに2台以上の増幅器を設置する場合には、扉に通気口を用意します。

1. 換気口の設置
テレビの増幅器は発熱するので、換気口を設置します。機器の取付け用として、木板を設置します。2台以上設置する場合は、熱抜き用の換気口があるとよいでしょう。

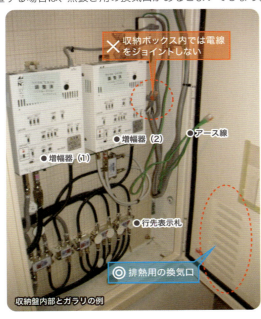

2. 機器収納ボックス内に、電源を必要とする場合
機器収納ボックス内へ電源を用意する場合は、弱電線と電力線が接触しないようにセパレーターを入れるなどの措置を行います。

3. 弱電盤と電線管の接続
盤を打込む場合は、特に配管との接続に注意し、配管と盤は電線管付属品の連結コネクター（*1）を用いて固定します。

*1 連結コネクター・ブッシング
コネクターは電線管を盤に接続する部材。ブッシングは鋼製電線管を用いた場合、電線を引き出すときに電線の被覆やケーブルの外皮を保護する部材。カタログなどで、使用方法を確認しよう。

左から連結コネクター、ブッシング
（提供：パナソニック㈱）

受変電・動力・弱電設備　テレビ配線

12 住戸のテレビ配線
受信方式と2条以上の配線、ケーブルの色分け

2条のケーブルが必要となる受信方式ではケーブルの色を変えて配線するのがよいでしょう。

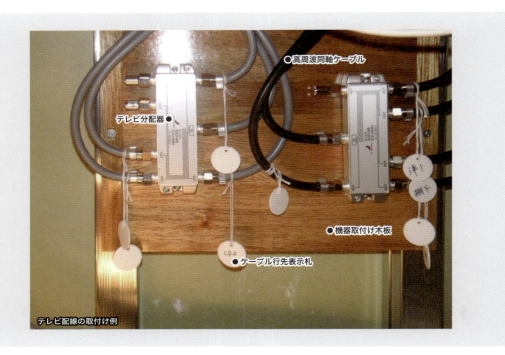

テレビ配線の取付け例

1．テレビ受信方式
受信方式にはUHF（地上波デジタル放送）、BS・110°CS放送受信、CATV（双方向）、BS・110°CS受信、光ファイバー受信などがあります。また、超高層マンションなどは建物内光ファイバー方式があり、建物の用途やテレビ引き込みの方式などに合わせた受信システムを採用します。

2．住戸内分配器の取付け
住戸内の分配器は、点検しやすい場所（たとえば、ユニットバス天井部分など）に計画します。写真は、天井点検口近くに木板を設置し、ここに分配器（＊1）を取付けています。ケーブルには行先表示札を設置するとメンテナンス時に役立ちます。
似た名称の機器に分波器（＊1）があります。分波器はテレビ端子からの信号を分けるときに使用します。

3．高周波同軸ケーブル
高周波同軸ケーブル（＊2）は、減衰計算によりサイズを決めますが、幹線から住戸内までをS7CFB、住戸内をS5CFBの低損失ケーブルを使用するのがよいです。材質も各種あるので、CATVの引き込みなどでは、形態に応じて適切なものを選定します。

＊1　分配器・分波器
分配器は入力された信号を同じ周波数で分けるための機器で、分配数に応じて電波が弱くなる。信号を幹線枝線の区別なく等分するものをいう。
分波器は、入力された信号を周波数で分ける目的で使用する。分波しても電波は余り弱くならない。
分岐器は、幹線側に減衰が少なく枝線側に電波を分けるものをいう。

＊2　高周波同軸ケーブル
軟銅線、軟銅撚り線を内部導体に用い、ポリエチレンを絶縁体として軟銅線編組による外部導体を構成し、その上にビニルシースを施した同軸ケーブル。住宅ではテレビ配線で使用される。ケーブルは可とう性に優れ、外部からの影響が少ない。

14 避雷針・アンテナ

避雷針の設置では、近接するアンテナや通気部材に対して配慮しながら、避雷設備の保護角や避雷針に起こる風切音を防ぐ必要があります。テレビアンテナを離せない場合の対処なども検討します。避雷導線の支持間隔や方法、JISの基準や導線立ち下げの簡略法も理解します。

避雷針・アンテナ

01 避雷針の保護角と機器
避雷針の保護角内へ設置する（旧JIS基準の例）

避雷設備が有効となるように避雷針を配置します。機器類の付属品も保護範囲に入るように注意します。

避雷針設置の例

1. 避雷針の保護角（旧JIS基準）
避雷針の保護角（＊1）は、建物用途で異なります。集合住宅は保護角が60°です。保護角内に設置物が納まるように配置します。

2. 簡略法による接続法
避雷針の設置に簡略法（鉄筋溶接）（＊2）による接続方法

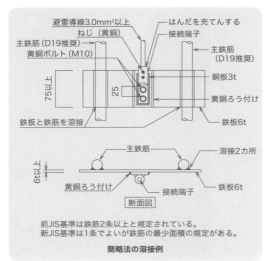

簡略法の溶接例

を採用する場合は、専用筋16mm以上（鉄筋D19推奨）を2条を立ち上げて、引下げ線の代用とします。専用筋は添え筋で固定し、柱内を垂直に立ち上げます。

3. 導線立ち下げ位置のオフセット
セットバックする建物で、屋上からの導線を別の位置に移す場合は、横引きの導線をCD管、もしくはVE管に挿入してスラブを横引きます。管を使用した配線は、コンクリート打設時に骨材が入る間隔の確保をしっかり取るためです（JISの規定にはスラブ内で導線を横引く場合について基準はない）。

> **＊1　保護角**
> JIS A 4201-1992では突針の保護角は60°以下にする。危険物の貯蔵の建築物では受電部の保護角は45°以下とする。避雷設備はJISに二つの基準があるので、メーカーの解説や参考書で違いを理解する。
>
> **＊2　簡略法**
> 引下げ導線に代えて柱主筋を利用すること。専用の鉄筋を主筋以外に用意して施工ミスを防ぐ場合が多い。

避雷針・アンテナ

02 避雷針の唸り音
避雷針騒音への対策

長い避雷針の支持管は設置時に、風で揺れたときに音を発生する場合があります。

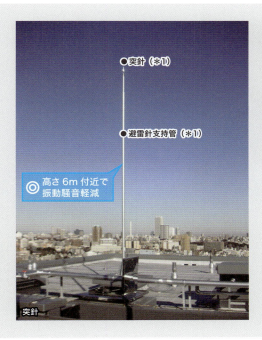
- 突針（＊1）
- 避雷針支持管（＊1）
- 高さ6m付近で振動騒音軽減
- 突針

- 避雷導線（鬼撚り線・＊2）
- 避雷導線

1．避雷針の高さと騒音
避雷針を高くすると、強風時に支持管から風切音が発生します。また、風圧で支持管がたわみ、唸るような音が生じ、騒音となります。予防には、避雷針の高さをおさえることです。おおむね6m以下の高さであれば、音の発生は少ないようです。また、基礎ボルトが躯体配筋に触れないようにするなどが有効です（p.202）。

2．避雷導線
避雷導線は銅を撚り合わせた鬼撚り線（＊2）の使用が多いですが、銅より発生する緑青の汚れが気になる場合は、アルミの鬼撚り線を使用するのがよいでしょう。導線ではなく避雷導体（＊3）を使用する場合もあります（＊4）。

＊1　突針・支持管
突針は単針型と複針型がある。JIS規格適合とし、材質は銅、アルミニウムの直径12mm以上の棒、これと同等の強度性能のあるもので、ステンレス製もある。
支持管は、白ガス管、亜鉛メッキ構造用鋼管、ステンレス管、黄銅管、テーパーポールなどがある。雷保護の基準：JIS A 4201に規定があり、2003は建築物などの雷保護で「現JIS」、1992は建築物等の避雷設備で「前(旧)JIS」と通称されている。

＊2　鬼撚り銅線
一般的に使用される導体で、素線径1.8mm以上で断面積30mm²以上と規定されている。
硬銅線の素線径が2.0mmを13本を撚り合わせた電線が使用されることが多く、直線状に引き下ろす避雷導線として使用される。種類は30mm²から100mm²まであり、被保護物に応じて使用される。
アルミ鬼撚り線は、素線径は電気用軟アルミニウム線で2mm以上で断面積は50mm²以上と規定されている。

＊3　避雷導体
雷電流を大地に流すための導体で、鬼撚銅線、銅帯、銅管、アルミ鬼撚り線、平角アルミがある。

＊4　避雷針の詳細
下記参考図書に2003基準対応の解説がある。

『建築物等の雷保護 Q&A』

避雷針・アンテナ

03 アンテナは避雷針と離す
離隔距離が取れないと、保護が必要

(1) 避雷針・避雷導体と近接する金属体は、アース（*1）を取り電気的に等電位にするか、離隔します。

1. 避雷設備とテレビアンテナ類の離隔
テレビアンテナは避雷設備（受雷部、避雷導線）より1.5m以上離して設置します。

2. 避雷設備（避雷導線）から離すことができない場合
金属管・電線管・排水の通気口（*2）・防水継手・設備架台など金属体が避雷導線と近接し1.5m以内となる場合は、電気的に接続し同電位（*3）とします。

3. 避雷導線の支持間隔
0.6m以下で支持すると、たるみがなく納まります。棟上導体（*4）では、デザイン性を重視した製品も発売されています。

4. 避雷導線・避雷導体
避雷導線として撚り線（硬銅撚り線、耐食アルミ撚り線）、避雷導体として帯状導体（銅帯、耐食アルミ導帯）、管棒状導体（銅管、銅棒）があります。

＊1 アース
定められた施工方法により大地と接地すること。接地とは、人への感電や施設を保護するための大地との電気的接続。

＊2 通気口
排水立管の最頂部につけ、管内を大気圧と一定とするための空気取入口（詳しくはp.84）。

＊3 同電位
ここではアース（接地）と電位を同じにすることを指す。避雷設備では、避雷導線と金属体を等電位にするため、電気的に接続する。

＊4 棟上導体
避雷設備の鋼製部材の一つ。受雷部として使用する。棟上導体を使用すると突針を使用せず屋根面を保護できる。

(2) 避雷設備とテレビアンテナは、1.5m以上離して設置します。

1. テレビアンテナの設置と避雷設備
テレビアンテナは、避雷設備（受雷部、避雷導線）より1.5m以上離して設置します。
避雷設備を必要とする建築物は高さ20mを超える建築物（建築基準法第33条）です。
ただし、テレビアンテナ、旗竿のみが20mを超える場合は、法的には避雷設備の設置は必要とされません。

2. テレビアンテナと閃絡
避雷導線との離隔が必要なのは、受雷時の閃絡（＊5）による損傷を防止するためです。テレビアンテナは特に注意し、1.5mの離隔が困難な場合は、RC造・SRC造の壁金属板または金網などを設置し、静電遮へい（＊6）を行います。

3. 共同受信のアンテナ設置用の部材
マスト・アンテナベース・自立マスト用アンカーボルトなどが、共同受信用のアンテナ部材として用意されており、自立以外に側壁設置用の部材も用意されています。海岸近くの塩害が予想される場所には、ステンレス製のマスト、ベースの使用が望ましいですが、一般的には溶融亜鉛メッキの製品を使用します。

＊5 閃絡
ここでは、雷の大きな電流が放電してつながることを指す。

＊6 静電遮へい
電気導体で囲み、外部（ここでは雷）の影響が及ばないようにすること。静電シールド。

＊7 電気工事の用語
下記参考図書で電気工事の用語がわかる。

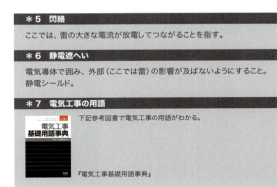

『電気工事基礎用語事典』

避雷針・アンテナ

04 避雷針まわりの施工
電線管・基礎への配慮

屋上の電気配線は、電線管に挿入して配線し、配管は紫外線で劣化しない金属管とします。

- ケーブルには耐候性スパイラルチューブを巻き、支持管などに固定
- エントランスキャップ
- 避雷針と避雷導線（鬼撚り線）
- 基礎緊結ボルトにはグリスキャップ（*1）を付ける
- 自立用部材
- 基礎
- 電線管
- シート防止
- 屋上露出配管用ブロック（ゴムベース付）ゴムベースと防水シートは接着しない（*2）
- 避雷針基礎は塗布防水を施工
- 露出の電気配管

1. 避雷設備、避雷針の据付け
避雷針は専用の基礎を設け、自立用部材を使用し据付けます。自立だけでなく壁の側面・側壁への取付けもできます。

2. 自立用部材の据付け
基礎ボルトをあらかじめセットした部材をメーカーが用意しています。これを使用するとボルト用の孔と位置合わせが簡単に行えます。
基礎ボルトを基礎の鉄筋と接触させると、避雷針の風切り音、しなりによる唸り音などが躯体を伝播することになり、緊結や結束をしないように気をつけます。

3. シート防水への電線管等の固定
シート防水の箇所に設置する配管類の支持材（*2）は、シート防水を傷つけないようにゴムなどを介し設置します。

*1 グリスキャップ
ボルトカバーともいわれる。内部にねじ込み部がついており、ボルトにねじ込み取付けることで、グリスの流出を抑える。アンカーボルトの径に応じた既製品があり、アンカーボルトの引掛け事故を防止する。

*2 電路支持材
ネグロス電工、未来工業などのメーカーがあり、多品種の電材、電路支持材が用意されている。カタログを参考にすると、用途に合った部材の使用方法がわかる。

15 防犯機器

設備工事では多くのことに注意を払いますが、その一部のインターフォン集合玄関機まわりの注意点と、自動点滅器や監視カメラの設置で注意すべき点を見ます。

防犯機器

01 集合玄関のインターフォン
逆光にならない照明計画、セキュリテイの複数計画

訪問者を確認できるテレビ機能付きのインターフォンでは、訪問者の顔が逆光にならないようにします。

内部（次）の玄関機●
インターフォン集合玄関機●（最初の玄関機）
ダブルにセキュリティ（集合玄関機2台）の例

1．集合玄関用インターフォンの設置高さ
設置高さは、成人が普通に立って顔が隠れない位置とします。メーカーがカメラ画角についての資料を用意しているので、事前に確認しておきます。また、セキュリティが複数計画される場合や、部屋番号の設定では、インターフォンメーカーごとの機能を事前に調べます（＊1）。

◎成人の顔が隠れない高さ
壁付きの集合玄関機

◎逆光にならない照明
順光の集合玄関機

2．逆光を避ける
右の写真はダウンライトで訪問者の顔が暗くなってしまいます。照明は順光（＊2）が適しています。

3．映像調整
映像調整は、集合玄関機・室内親機の双方で調整します。

4．インターフォン機能
管理員室呼出し・非常時警報・防犯警報・火災警報（消防特例基準による）・ロビーインターフォンとの通話、映像確認・宅配物到着連絡録画、録音機能など各種機能を適切に選択し、施工します。

＊1　集合玄関機の位置
集合玄関機とオートロック場所の距離は、極力小さく、近くするのが、セキュリティの観点から望ましい。

＊2　順光
インターフォンのカメラ側から訪問者に光があたると、対象が明るく照らし出され、判別しやすい。

防犯機器

02 屋外の防犯カメラ
監視カメラと自動点滅器

セキュリティ機器の設置は、位置や高さに配慮して取付け位置を決めます。

1. 防犯カメラは人が触れない高さに設置
上の左の写真は監視カメラの位置（＊1）が低すぎたため、高い場所に変更している例です。監視カメラは容易に触れることができない高さが望ましいです。複数のカメラを同一箇所に設置する場合は、取付け方法を事前に合意しておきます。

2. 自動点滅器はものが当たらない高さ
右の写真のように自動点滅器の取付け位置が低いと、長い物の搬入などで破損する恐れがあります。やむをえない場合は保護のガードを計画するのが適切です。

① 自動点滅器の設置位置
最も暗い北や東面の目立たない場所へ設置するのが基本ですが、共用部全体でどの部分が最初に暗くなるかを見極めて、設置する位置を決めましょう。建物階数と敷地条件によっては、照明の点灯を必要とする方位・時間が異なる場合があります。自動点滅回路の計画ではこれらの条件に対応できる計画を行いましょう。

② 予備の自動点滅器
自動点滅器の故障に備えて、予備器として自動点滅器を2台付け、切り替えて使用すると故障時に安心です。

③ タイマーの併用・感度調整機能
自動点滅器は、周囲の明暗を感知します（＊2）。共用部の形態に応じてタイマーを併用すると、管理も簡単です（p.181）。
タイマー形式は、日の出、日没があらかじめ設定されているソーラー式とすると、季節ごとの点灯調整が省けます。

> **＊1　監視カメラの位置**
> 容易に手の届かない位置がよい。カメラが有効に機能する照度を確保しておくことも必要。状況に応じて、人感センサー付ライトを設置するのもよい。ただし、人感センサーによる点滅が頻繁になっては、煩わしいことも起こるので、点滅頻度に注意する。

> **＊2　感度調整機能**
> 自動点滅器は、感度調整機能を有し、周囲の明るさの具合で点灯感度を設定する。

竣工検査 検査に際して以下の箇所は特に留意しましょう。

屋外照明の検査

器具の注意書きは目立たない位置にまわす

器具に注意書きがあるときは、正面側に見せないこと

高い熱の出る器具は火傷注意の表示が必要

道路際など、すぐ触れる場所はいたずらの対象となりやすい

基礎が目立つとデザインが引き立たないこともある

誰でも出入り可能な場所は、火傷注意の表示が必要

インターフォンの通話確認、ポーチまわりの検査（1）

インターフォンのテストでは、玄関と室内の通話確認をする

集合玄関より住戸を呼び出されたとき、住戸側では映像が鮮明かの確認を行う

集合玄関より住戸を呼び出し、玄関ドアーの開錠を確認する

室内機より非常警報のボタンを押し、管理員室からの呼び出しを待ち、通話で部屋番号を確認をする

防犯センサーのある住戸は窓、扉の開閉で警報が出るかの確認をする

インターフォンの通話確認、ポーチまわりの検査（2）

ポーチライトの取付け状況を検査する。ゆがみがないか、取付け方が美しいかを評価する。

ポーチライトは取付け状況を確認、目地の忘れ、ぐらつきなどを確かめる

玄関子機から、室内親機との通話を確認する

玄関子機と通話確認の後、非常ボタンで管理員室を呼び、集合玄関機から訪問者と同様の呼出しを行い、映像を確認し、ドアー開錠が正常に動作するか確認

外部設置の照明はアースが施工されているかを確認し、規定に合致した施工が行われているか確認する

①インターフォンの映像を室内、集合玄関機の双方を調整する
②ポーチライトは室内スイッチをいれ、点灯時、赤（動作確認灯）が点灯するのを確認する
③器具高さが不自然な場合は、設置位置を計測する

メーターボックスまわりの検査

ガス管、メーターと電気ケーブルの接触がないか確認する

給水減圧弁の圧力設定を確認する。樹脂管の場合は、メーターボックスから室内貫通に区画貫通処理（認定工法）が必要

消防規定の防爆処理が必要な場合は処理されているかを確認する

矢印部分には認定工法によるパテ処理等が必要になるので、施工状況を確認する

メーターボックス内の床仕上げ状態が平滑か、不要支持材が放置されていないか確認する

メーターボックス内のメーターまわりの埃等の汚れはきれいにふき取ること

人感センサーとポーチライトの検査

- 人感センサーは下足入れ等の扉にあたらないこと
- 人感センサーは吊り元側設置が基本、目立たない位置にあるほうがよい
- 照明器具と所定の離れがあるか見る、近すぎる場合は感知具合をよく見る
- スイッチを OFF から自動側に入れ感知するか確かめる
- 形態の異なるスイッチ、スイッチ部に一体でセンサー機能が付いている仕様もある

分電盤の回路確認の検査（1）　すべての電源にランプをつける

- ガード付きの照明器具を住戸のコンセント数分用意する
- 各コンセントへこれをつけにまわる
- 照明器具をつけてまわる様子
- つけ終わったところ（1）
- つけ終わったところ（2）
- つけ終わったところ（3）

分電盤の回路確認の検査（2）　極性確認を行い、ランプを外す

- このような状態で回路ごとに ON・OFF してみると回路分けが一目瞭然にわかる
- 回路の確認が終了したなら、つづいて、極性の確認を行いながら、照明器具を外してまわる
- このようにすると、器具の作成費用はかかるが、的確に素早く検査が終了できる

分電盤の回路確認の検査（3）　絶縁状況を確認する

最後に絶縁抵抗の測定試験を行うが、その前にアースのあるコンセントを利用して、ELB の遮断テストを行うこと

- 回路試験を行う、ブレーカの ON・OFF を行う
- 回路の ON・OFF で該当箇所が点灯、消灯するので回路の確認がしやすい
- ほかの検査（設備や建築の検査）も同時進行するので、照明を全部消さないで回路ごとに ON・OFF を繰りかえし確認する
- 最後に絶縁抵抗の測定試験を行う

水まわりの検査 検査の際の養生

 洗面化粧台の下部の点検口内の清掃状況等の確認を行う

 器具と排水管、給水管まわりの漏水の有無を見る。引出し類の養生は必ず行う

 水は検査前に溢れ口まで張って置く

 底板は管の貫通部が見苦しくないよう化粧されているか確認する

 検査時に水、湯を出し接続に間違えがないか確認、水栓を開けて溢れる場合は調整する

 給水、給湯管の漏れを確認する

キッチンまわりの検査（1） 水を張って確認する

 検査前にシンクの溢れ口まで水を張っておく、これでトラップからの漏水を確認する

 水はこの程度に多く張っておく

 水栓を開き、水、湯の出方を確認する。水栓をまわしシンクの縁から溢れないか確認する

 潜り込んで、清掃状況を確認する

 給水、給湯管の固定、立ち上がり部の化粧がされているか確認する。漏水を確認する

 配管の固定状況は通水時に揺れないこと

キッチンまわりの検査（2）

 リモコンスイッチは回転しないか、動かしてみる

 給水、給湯の別を確認する

 清水器への給水の接続を確認する。水栓も開けて通水状況を確認する

 シンクとトラップの接続部の漏水の有無を確認する

 点検口内部の清掃状況、整理状況を確認する

キッチンまわりの検査（3）

 断熱状況を確認する。断熱しない部分があるなら不可である

 食器洗浄機の配管状態を確認する

 オーバーフローパイプはたるまず、緩みのないことを確認する

 レンジフード用コンセントは抜け止め、一口アースつきとし、コードはレンジに触れていないこと

 予備コンセントは固定しておく、オーブン用は2EET、食器洗浄機はEETなど決められたものになっているか

 実装機器の電源として使用の場合は壁に固定（写真は床固定の特例）

レンジフードファンの検査

| 逆止ダンパーの弱運転での開状態の確認（1） | 逆止ダンパーの弱運転での開状態の確認（2） | 逆止ダンパーの弱運転での開状態の確認（3） | 逆止ダンパーの弱運転での開状態の確認（4） | 清掃状況を確認する、埃はふき取ってあること | 弱運転での開状態の確認が不可能な構造の場合、吸い込み状況を目視する |

洗面化粧台まわりの検査（1）

| スイッチコンセントの位置を確認する、スイッチの点灯順序がおかしくないか確認する | スイッチとリモコンの取付けのそろい方、操作に不具合がないか、確認する | スイッチコンセントの位置を確認する、照明の取付け具合、位置（芯あわせ）を見る | スイッチ・リモコンの操作に不具合がないか確認する | 間接照明は取付け方法、清掃状態を確認する | タオル掛け、スイッチ、コンセントの配置を確認する、器具の汚れ、水平を見る |

洗面化粧台まわりの検査（2）

| 洗面器に水を張る。水は検査前に溢れ口まで張って置く | 検査時に水、湯を出し接続に間違えがないか確認、水栓を開けて溢れ口より水位があがる場合は調整する | 器具と排水管、給水管廻りの漏水の有無を見る | 底板は管の貫通部が見苦しくないよう化粧されているか確認する | ヘッダー工法は管の行き先表示の有無を確認する。点検口より覗いて床がぬれていれば漏水箇所があることになる |

洗濯機防水パンまわりの検査

| 水をトラップの周囲に出し、水栓の開閉具合、トラップからの漏水の有無を確認する | コンセントと水栓の位置あわせ、設置高さが決められたとおりになっているかを確認する | トラップまわりからの漏水確認なのでトラップの周囲に水を出す | 事前に排水口を塞ぎ、水をはっておく | パンのトラップは透明とし、漏水確認をする | トラップは透明なら、床の状況がこのような形で確認できる |

トイレまわりの検査（1）

便器の据付け状況が堅固かを確認する（給水は壁から出すのが床掃除にはよいでしょう）

ケーブルのまとめをきれいか、確認する（ケーブルの纏めは結束用バンドなど用いて決まりをつけるのがよい）

給水管の接続状況を確認する

給水が、石、タイル部より出ている場合は、給水出口に隙間がないかを確認する

ケーブルのまとめがきれいか確認します（この例は、もう少し整然とするのがよいでしょう）

トイレ内の検査では、便器が部屋の中心に位置しているか、壁との離れが大きくないか、さわってがたつきがないか、リモコン類が堅固に取付いているか等を確認する。

トイレまわりの検査（2）

排水し、洗浄動作を確認する

洗浄動作のセンサーの具合を確認する

位置（芯あわせ）を見る

手洗器の内部を確認する

点検口内の清掃状況や接続を確認する

点検口は必ず開けて内部を見る

ユニットバスの天井内の検査（1）

天井内の清掃状況を見る

テレビ機器の整理状況を確認する

ダクト勾配と防振を確認する

遮音壁のグラスウールが、脱落していないか、遮音が有効かを確認する

天井内でのVVFケーブルのジョイントが、ボックスに納まっているかを確認する

ケーブルがダクトに接触している場合は保護シートが施工されているか、ケーブルは整理されているかを確認する

ユニットバスの天井内確認（2）

出口側のダクトに谷部がないか確認する

清掃を事前に行わせるが、ゴミがあれば、清掃の徹底を指摘する

バス換気乾燥機が防振吊りとなっているか確認する

遮音性能を損なっていないか、ケーブルの貫通にも注意する。ケーブル保護は適正であるかも確認する

ダクトとケーブルの接触がないか確認する、接触しているなら分離を指示する

フレキ接続の場合は穴等の破損部がないか確認する（湿気を含む空気のフレキはSUSかアルミの2重フレキが腐食に対し有効）たるむと結露水が溜まる

ユニットバスの天井内の検査（3） バルコニー機器、室内の吸込口

| ケーブルのまとめがきれいか、確認する（ケーブルの纏めは結束用バンドなど用いてきまりをつけるのがよい） | フィルター取付けにゆがみがないか確認する | フィルターの清掃を確認する | 勾配が不確かな場合は水平器で確認する | アースされているかを確認する | 配管貫通部の止水状況を確認する |

テレビ共同聴視設備の検査

機器収納箱に系統図が挿入されているか、各ケーブルの行き先表示、線の整理、清掃状況を確認する｜主要箇所で受信のレベル、C/N値を計測、記録する（検査前に終了していること）アンテナよりの入力レベルの計測状況｜主要箇所で受信のレベル、C/N値を計測、記録する（検査前に終了していること）｜14型程度の持ち運びの容易な液晶テレビ（チューナー内蔵）で各画像を確認する。これを全戸行うとよい｜機器収納箱内は整然と納めること（管端部にきまりをつけないと、汚い）｜機器収納箱内は整然と納めること。管は、箱自体に接続するのがよい

屋上機器と避雷設備の検査（1）

テレビアンテナは避雷針より1.5m以上離れていること｜固定ボルトにグリスキャップはついているか確認する｜予備の基礎ボルトにもグリスキャップをかけること

屋上機器と避雷設備の検査（2）

アンテナと避雷針の距離を確認する｜避雷導線の支持がたるんでないか確認する｜屋上の消防用補給水槽、タラップなどが避雷針の保護角内にあることを確かめる｜基礎のボルトには錆止めのグリスキャップをとりつけてあること｜避雷針本体、導体より1.5m以内にある金属体には電気的保護が行われていること

おわりに

長年、現場を監理しながら気が付いたことがあります。どの現場も同じ箇所、似たような部分で間違いが起きているということです。間違いを少なくできないものかと、設計図に、こと細かく記載することも試みましたが、図面上にすべてを網羅することは不可能といっても過言ではありません。そこで、これまで起こった間違いや注意点、設計の意図や決まりを事前に示して注意を喚起しようと、現場写真を交えてつくった資料が本書のもとになっています。

資料と言っても基礎的な事柄を解説したにすぎませんが、配線や配管、機器の据付け、維持管理への配慮など、教科書にはない現場の知識と臨場感を感じてもらえたのではと思います。

作図では、事務所スタッフの栗原直久君、大久保宏明君、田中公康君、相川拓君、三輪野曜君に協力してもらいました。私は、設備設計事務所の実務を通して設計を習得した独学、浅学の徒にすぎません。参考として掲げた図書は、私が過去に目を通したものですが、引用するにあたり、改めてその内容の豊富さに感心致しました。本書を入り口に、参考図書でより知識を深めていただきたいと思います。

かつて、学芸出版社の書籍で大庭孝雄先生の『給排水設備の設計法』がありました。私の事務所に新人が入ると、まずこの本を読むことからスタートさせました。お世話になった学芸出版社よりの出版は感無量の思いがあります。

本書が簡潔で、当初の資料を超えるものになったのは、ひとえに学芸出版社編集部と担当の岩切江津子氏のご尽力によるものです。心から感謝いたします。

2016年7月
定久秀孝

参考図書

- 安藤紀雄編著『目で見てわかる配管作業』日刊工業新聞社、2014
- 大浜庄司著『絵とき 自家用電気技術者実務読本』オーム社、2014
- 大塚雅之著『初学者の建築講座 建築設備（第二版）』市ヶ谷出版社、2006
- 大野光之著『配管材料ポケットブック 新装版』森北出版、2015
- 小川正晃著『100万人の給排水衛生設備』オーム社、2005 ★
- 小原淳平著『100万人の空気調和』オーム社、1950
- 鹿島建設㈱・日本鋼管㈱共編『〔わかりやすい建築技術〕埋設管防食マニュアル』鹿島出版会、2016
- 河内孝夫著『110のキーワードで学ぶ 世界で一番やさしい建築設備』エクスナレッジ、2009
- 関電工品質・工事管理部編『絵とき 百万人の電気工事』オーム社、1997
- 菊地至著『これだけ！給排水衛生設備』秀和システム、1983
- きんでん編『電気工事 現場チェックの勘どころ ポケットハンドBOOK』オーム社、2015
- 近代消防社編『消防用設備関係省令・告示集』近代消防社、2015
- 空気調和・衛生工学会編『空気調和・衛生設備の知識 改訂4版』オーム社、2017
- 空気調和・衛生工学会編『空気調和・給排水衛生設備 施工の実務の知識』オーム社、2005
- 空気調和・衛生工学会編『給排水衛生設備 計画設計の実務の知識 改訂4版』オーム社、2017
- 空気調和・衛生工学会編『第14版 空気調和・衛生工学便覧』空気調和・衛生工学会、2010
- 空気調和・衛生工学会編『[三訂版] 空調・衛生設備 advice』新日本法規出版、2009
- 来馬輝順・多田和秀・長澤集著『知識ゼロから学ぶ建築設備のしくみ』ナツメ社、2015
- 経済産業省ほか監修『ガス機器の設置基準及び実務指針』日本ガス機器検査協会、2012
- 建築設備技術者協会編『建築設備トラブルシューテイング』オーム社、2004 ★
- 建築研究所編『給排水設備技術基準・同解説 2006年版』日本建築センター、2014
- 建築設備技術者協会編著『最新 建築設備設計マニュアル 給排水衛生編』井上書院、2013
- 建築設備技術者協会編著『最新 建築設備設計マニュアル 空気調和編』井上書院、2012
- 建築設備技術者協会編『建築設備施工要領図集』技術書院、1999
- 河内孝夫著『110のキーワードで学ぶ 世界で一番やさしい建築設備』エクスナレッジ、2009
- 現場施工応援する会編『建築携帯ブック 設備工事 改訂版』井上書院、2017
- 国土交通省大臣官房官庁営繕部編『公共建築工事標準仕様書 電気設備工事編 平成28年版』空気調和・衛生工学会、2016
- 国土交通省大臣官房官庁営繕部監修『公共建築工事標準仕様書 機械設備工事編 平成25年版』公共建築協会、2013
- 国土交通省住宅局建築指導課編『基本建築関係法令集 法令編 平成28年版』井上書院、2016
- 国土交通省住宅局建築指導課編『基本建築関係法令集 告示編 平成28年版』井上書院、2016
- 国土交通省大臣官房官庁営繕部監修『電気設備工事監理指針』建設電気技術協会、2016
- 国土交通省大臣官房官庁営繕部監修『公共建築工事標準仕様書 電気設備工事編 平成28年版』公共建築協会、2013
- 国土交通省大臣官房官庁営繕部編『建築設備設計基準』公共建築協会、2016
- 国土交通省住宅局住宅生産課ほか編『日本住宅性能表示基準・評価方法基準 技術解説2007』工学図書、2015
- 国土交通省大臣官房官庁営繕部監修『機械設備工事管理指針 平成25年版』地域開発研究所、2013
- 国土交通省大臣官房官庁営繕部監修『工事写真の撮り方建築設備編』公共建築協会、2013
- 需要設備専門部会編『内線規程 JEAC8001-2011 東京電力』日本電気協会、2005
- 消防実務研究会編著『誰にもわかる 消防設備に関する計算実務』近代消防社、2002
- 消防法規研究会編『消防・建築設備早見帖』東京法令出版、2002
- 高橋秀憲著『配線器具入門 安全な設計・施工・取扱いのポイント 改訂2版』オーム社、2017
- 電気と工事編集部編『電気工事基礎用語事典』オーム社、2014
- 電気設備学会編『建築物等の雷保護 Q&A─JIS A 4201:2003対応』電気設備学会、2005
- 電気設備技術基準研究会編『絵とき 電気設備技術基準・解釈早わかり』オーム社、2015
- 電気と工事編集部編『絵とき 電気工事基礎百科早わかり』オーム社、2000
- 土井巖著『給排水衛生設備実務パーフェクトマニュアル』秀和システム、2015 ★
- 東京消防庁監修『消防法の危険物』東京法令出版、2015
- 東京消防庁監修『予防事務審査・検査基準 Ⅰ・Ⅱ・Ⅲ』東京防災救急協会、2012
- 東京消防庁監修『消防関係法令集（平成28年度版）』東京防災救急協会、2016
- 西野悠司著『絵とき 配管技術用語事典』日刊工業新聞社、2013
- 日本建築行政会議、日本建築設備・昇降機センター 編『建築設備設計・施工上の運用指針 2013年版』日本建築設備・昇降機センター、2013
- 日本建築設備・昇降機センター編『改善事例で学ぶ 建築設備改修のアドバイス 2004年版』日本建築設備・昇降機センター、2004
- 日本電気協会編著『平成28年度版 電気設備の技術基準とその解釈』日本電気協会、2011
- 日本電設工業協会/単行本企画編集専門委員会編『電気設備技術者のための建築電気設備技術計算ハンドブック 上巻』日本電設工業協会、2008
- 日本電設工業協会/単行本企画編集専門委員会編『電気設備技術者のための建築電気設備技術計算ハンドブック 下巻』日本電設工業協会、2008
- 日本電設工業協会/単行本企画編集専門委員会編『新編 電気設備工事 施工図の書き方』日本電設工業協会、2008
- 日本電設工業協会/単行本企画編集専門委員会編『高圧受変電設備の計画・設計・施工 改訂第6版』日本電設工業協会、2010
- 日本電設工業協会/単行本企画編集専門委員会編『屋内電気設備図例集』日本電設工業協会、2015
- 福田真一郎編著『実務に役立つ 高圧受電設備の知識』オーム社、2015
- 本田嘉弘著『図解 電気設備の基礎 はじめて電気設備を学ぶ人のために』ナツメ社、2013
- 森村武雄監修『新版 建築設備工事の進め方』市ヶ谷出版社、2007
- 山田浩幸著『まるごとわかる住まいの建築設備 快適な環境を作る設備設計の考え方』オーム社、2013
- 山田浩幸著『建築設備パーフェクトマニュアル』エクスナレッジ、2013
- 山田直也・小林節雄著『各種法規改正対応 絵とき ビルの電気設備』電気書院、2013
- 山田信亮著『図解 給排水衛生設備の基礎 はじめて建築設備を学ぶ人のために』ナツメ社、2006
- よくわかる建築配管作成委員会編『配管技能士を目指す よくわかる建築配管1 共通編』職業訓練教材研究会、2012
- よくわかる建築配管作成委員会編『配管技能士を目指す よくわかる建築配管2 建築配管編』職業訓練教材研究会、2009

※第1版第4刷時点での書誌情報です。★印の書籍は絶版のため、古書や図書館等でお探しください。

索 引

【英数】
IV 線 ･････････････････････････････････ 177
SHASE ･･･････････････････････････････ 74
CD 管 ･･･････････････････････････････ 169
VVF ケーブル ･･････････････････ 141, 160, 168
LAN ケーブル ･････････････････････ 16, 160

【あ】
アルコーブ ･･････････････････････････････ 9
易操作性消火栓 ･･･････････････････････ 115
位置表示灯 ････････････････････････････ 151
ウォーターハンマー ･････････････････････ 38
浮き床基礎 ････････････････････････････ 91
雨線外 ･････････････････････････････････ 153
雨線内 ･････････････････････････････････ 153
ウレタン断熱材 ････････････････････････ 123
上向き給水 ･････････････････････････････ 25
エアーカットバルブ ･･････････････････ 135
エコケーブル ･･･････････････････････････ 16
エコ電線 ･･････････････････････････････ 16
越流堰 ････････････････････････････････ 99
遠隔試験中継器 ････････････････････････ 13
屋内消火栓 ･･･････････････････････････ 115
鬼撚り銅線 ･･･････････････････････････ 199
オフセット配管 ･･････････････････････ 73, 79
オリフィス ･････････････････････････････ 99

【か】
開放型廊下 ･････････････････････････････ 8
火気使用場所 ････････････････････････ 122
架橋ポリエチレン管 ･･････････････････ 21
隔壁 ･･････････････････････････････････ 161
ガス管 ･･････････････････････････････ 14
ガス給湯器 ･･････････････････････････ 60
ガス蒸気危険場所 ････････････････････ 12
ガスメーター ･･･････････････････････ 12
ガソリントラップ ･･････････････････ 103
カップリング ････････････････････････ 163
可とう電線管 ･･･････････････････････ 188
釜場 ････････････････････････････ 90, 97
簡易的な阻集器 ･････････････････････ 103
管の腐食防止 ････････････････････････ 20
簡略法 ･･････････････････････････････ 198
亀甲金網 ････････････････････････････ 21
起動水位 ････････････････････････････ 90
脚部継手 ････････････････････････････ 81
キャプタイヤケーブル ･････････････････ 89
給水方式 ････････････････････････････ 25
吸排気弁 ････････････････････････････ 25
キュービクル ･･･････････････････････ 187
共住区画 ････････････････････････････ 10
強電線と弱電線の分離 ･･･････････････ 158
共用分電盤 ････････････････････････ 181
許容電流 ･･････････････････････････ 171
空気抜弁 ･････････････････････････ 24, 25
区画貫通 ････････････････････････････ 11
グリスキャップ ････････････････････ 202
結露 ･･･････････････････････････････ 129
結露防止 ････････････････････････････ 30

結露防止型の吹出し口 ･･････････････ 138
結露防止テープ ････････････････････ 40
減圧式逆流防止器 ･････････････････ 64, 65
減圧弁 ･････････････････････････････ 22
ゲートバルブ ･･･････････････････････ 24
ケーブル ･･･････････････････････････ 14
ケーブル延線工事 ･･････････････････ 19
ケーブルの結束本数 ･･･････････････ 171
ケーブルの固定 ･･･････････････････ 156
ケーブルの支持 ･･･････････････････ 156
ケーブルの接触 ････････････････････ 14
ケーブルの接続 ････････････････････ 76
ケーブル配線 ････････････････････ 168
高感度高速形 ELB ･･･････････････････ 48
高周波同軸ケーブル ･･････････････ 196
勾配計 ･････････････････････････････ 74
呼水装置 ･････････････････････････ 113
コンセント ････････････････････････ 152
コンセントの固定 ･････････････････ 154

【さ】
最下階排水合流式 ･･･････････････ 71, 75
先分岐工法 ･･････････････････････ 30
差し込みコネクター ･･････････････ 159
サヤ管 ･･････････････････････････ 26
サービスシンク ･････････････････ 58
自記圧力計 ････････････････････････ 43
支持管 ･･･････････････････････････ 199
止水栓 ･･･････････････････････････ 50
室外機の設置 ･･･････････････････ 135
自動火災報知設備 ･･･････････････ 13
遮音シート ･････････････････････ 24, 82
遮音壁 ･･････････････････････････ 140
遮音ボックス ･･････････････････ 142
弱電ケーブル ･･････････････････ 185
弱電流線 ･･･････････････････････ 12
充水配管 ･･･････････････････････ 191
消音ダクト ･････････････････････ 125
照度 ･･･････････････････････････ 176
伸縮継手 ･･･････････････････････ 88
伸頂通気管 ･････････････････････ 79
シールテープ ･･･････････････････ 26
人感センサー ･･･････････････････ 175
水圧試験 ･･･････････････････････ 43
吸込みピット ･･･････････････････ 90
吸込み風速 ･････････････････････ 128
スイッチ ･･･････････････････････ 151
スパイラルダクト ････････････････ 188
スリムダクト ･･･････････････････ 61
スリーブ ･･･････････････････････ 166
正圧 ･･･････････････････････････ 130
静圧 ･･･････････････････････････ 121
制気口 ･････････････････････････ 119
接地線 ･････････････････････････ 15
セパレーター ･･･････････････････ 161
先行配管 ･･･････････････････････ 136
潜熱回収 ･･･････････････････････ 61
潜熱回収型給湯器 ･･･････････････ 61
増圧給水設備 ･･･････････････････ 12

【た】

- 耐火二層管 ……… 72, 136
- ダクターチャンネル ……… 19
- ダクトの接続 ……… 118
- 単管式排水方式 ……… 73
- 単独系統 ……… 75
- ダンパーの開閉音 ……… 121
- 短絡 ……… 187
- 地絡 ……… 187
- 通気管の開放場所 ……… 85
- 停止水位 ……… 90
- テスト弁 ……… 111
- ディスポーザー排水設備 ……… 52, 86
- テレビアンテナ ……… 201
- 天井点検口 ……… 120
- 電線の耐薬品性 ……… 170
- 電力会社変電設備 ……… 184
- 電路支持材 ……… 202
- 銅管 ……… 42
- 銅管ヘッダー工法 ……… 42
- 動作確認灯 ……… 151
- 透明トラップ ……… 56
- 特殊継手 ……… 70
- 特定不燃材 ……… 122
- 突針 ……… 199
- 扉にかかる重力 ……… 121
- トランクルーム ……… 138
- ドルゴ通気弁 ……… 91
- ドレン管 ……… 133, 136
- ドレン管の異音 ……… 135
- ドレン管の不具合 ……… 133

【な】

- 内線規程 ……… 12
- 逃がし配管 ……… 105
- 認定工法 ……… 11

【は】

- 排ガス ……… 62
- 排気風速 ……… 128
- 排気口空間 ……… 66
- 排水勾配 ……… 34, 46, 74
- 排水鋳鉄管 ……… 72
- 排水トラップ ……… 54
- 排水フレキ ……… 57
- 排水目皿 ……… 22
- パイプサイレンサー ……… 64
- バルブ ……… 89
- ハンドホール ……… 184, 185
- 光ケーブル ……… 194
- 避雷導線 ……… 200
- 避雷導体 ……… 199
- ビルピット条例 ……… 93
- 品確法 ……… 72
- ファイヤーダンパー ……… 120
- 負圧 ……… 130
- 風除室 ……… 138
- プラグ ……… 48
- フロアーバンド ……… 74
- 分岐水栓 ……… 50
- 分岐付き幹線ケーブル ……… 18
- 分配器 ……… 196
- 分波器 ……… 196
- フート弁 ……… 113
- ペアチューブ ……… 41
- ヘッダー工法 ……… 33
- ベルマウス ……… 94
- 変成シリコン ……… 61
- 防火区画 ……… 10
- 防火区画認定 ……… 73
- 防臭逆止弁 ……… 98
- 防食材 ……… 20
- 防振ゴム ……… 41
- 防水継手 ……… 127
- 防爆処理 ……… 13
- 補給水槽 ……… 108
- 歩行動線 ……… 125
- 保護角 ……… 198
- ポラコン ……… 101
- ポリブデン管 ……… 37
- ボールバルブ ……… 24

【ま】

- 曲げ施工 ……… 171
- 満水警報 ……… 191
- ミラブロック ……… 96
- メッセンジャーワイヤー ……… 172
- メーターユニット ……… 10, 22
- モールド絶縁 ……… 19

【や】

- 融着継手 ……… 30
- ユニットケーブル ……… 157
- 予旋回槽 ……… 96
- 予防事務審査・検査基準 ……… 108

【ら】

- ラッキング ……… 112
- 卵殻 ……… 53
- 流水音 ……… 91
- 漏電事故 ……… 48

【わ】

- ワン座 ……… 54

【著者略歴】
定久秀孝（さだひさ・ひでたか）
株式会社共同設計事務所相談役所長。
1947年北海道生まれ。一級建築士、建築設備士、設備設計一級建築士。東京写真大学（現、東京工芸大学）卒業後、設備設計事務所、建築設計事務所勤務を経て、1977年に株式会社共同設計事務所を創業し、現在に至る。

現場写真でわかる！ 建築設備の設計・施工管理

2016年9月　1日　第1版第1刷発行
2025年3月20日　第1版第6刷発行

著　者　定久秀孝
発行者　井口夏実
発行所　株式会社 学芸出版社
　　　　京都市下京区木津屋橋通西洞院東入
　　　　〒600-8216　電話 075-343-0811
　　　　http://www.gakugei-pub.jp/
　　　　E-mail info@gakugei-pub.jp
印刷/製本　シナノパブリッシングプレス
装　丁　フジワキデザイン
編集協力　村角洋一デザイン事務所

© Hidetaka SADAHISA 2016
ISBN978-4-7615-3223-9　Printed in Japan

JCOPY 〈(社)出版者著作権管理機構委託出版物〉
本書の無断複写は著作権法上での例外を除き禁じられています。複写される場合は、そのつど事前に、(社)出版者著作権管理機構（電話 03-5244-5088、FAX 03-5244-5089、e-mail: info@jcopy.or.jp）の許諾を得てください。
本書を代行業者等の第三者に依頼してスキャンやデジタル化することは、たとえ個人や家庭内での利用でも著作権法違反です。